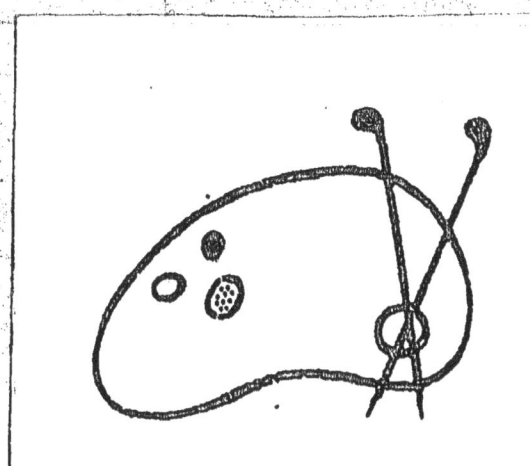

Couvertures supérieure et inférieure en couleur

COUVERTURES SUPERIEURE ET INFERIEURE D'IMPRIMEUR.

COLLECTION MICHEL LÉVY

ŒUVRES COMPLÈTES

DE

HENRY MURGER

DONA SIRÈNE

ŒUVRES

DE

HENRY MURGER

Publiées dans la Collection Michel Lévy

SCÈNES DE LA VIE DE BOHÈME. . . . . 1 vol.
SCÈNES DE LA VIE DE JEUNESSE. . . . . 1 —
LES VACANCES DE CAMILLE. . . . . 1 —
LE PAYS LATIN. . . . . 1 —
SCÈNES DE CAMPAGNE . . . . 1 —
LES BUVEURS D'EAU. . . . . 1 —
LE DERNIER RENDEZ-VOUS . . . . 1 —
LE ROMAN DE TOUTES LES FEMMES . . . . . . 1 —
PROPOS DE VILLE ET PROPOS DE THÉATRE . . 1 —
LE SABOT ROUGE. . . . . 1 —
MADAME OLYMPE. . . . . 1 —
LES ROUERIES DE L'INGÉNUE. . . . . 1 —
DONA SIRÈNE. . . . . 1 —

Format grand in-18

LES NUITS D'HIVER, poésies complètes, 5ᵉ édit. . . 1 vol.

LA VIE DE BOHÈME, comédie en cinq actes.
LE BONHOMME JADIS, comédie en un acte.
LE SERMENT D'HORACE, comédie en un acte.

BALLADES ET FANTAISIES, un joli volume in-32.

Saint-Germain. — Imprimerie D. Bardin.

DONA SIRÈNE

PAR

HENRY MURGER

NOUVELLE ÉDITION

PARIS
CALMANN LÉVY, ÉDITEUR
RUE AUBER, 3, PLACE DE L'OPÉRA
LIBRAIRIE NOUVELLE
BOULEVARD DES ITALIENS, 15, AU COIN DE LA RUE DE GRAMMONT

1876

Droits de reproduction et de traduction réservés

DONA SIRÈNE

Deux longues files de voitures stationnaient dans la rue de Courcelles qui, ordinairement obscure, paisible et peu fréquentée, était ce soir-là pleine de lumière, de confusion et de bruits divers. Depuis le séjour qu'y avait fait leur royale voisine la reine d'Espagne, jamais les habitants de ce quartier, plus silencieux et plus désert que les rues les plus abandonnées du Marais, n'avaient été tenus aussi tard en éveil.

Cette animation et cette rumeur extraordinaires étaient causées par une fête donnée à l'aristocratie espagnole, par le marquis Félipe de B..., à l'occasion du mariage de sa filleule, dona Maria de Valdès, qui avait, le matin même, épousé le comte Ange Spes de Puyrassieux, ex-secrétaire de la légation française à Madrid.

La consécration de ce mariage, célébré à Saint-Philippe-du-Roule, outre les personnes qui y étaient conviées, et parmi lesquelles on remarquait plusieurs membres du corps diplomatique et du ministère, avait attiré un grand concours de curieux dans l'aristocratique paroisse, parée, ce jour-là, comme elle l'était pour les plus grandes fêtes. Bien que de généreuses et abondantes aumônes eussent été distribuées la veille, au nom des deux époux, aux nécessiteux du quartier, une grande foule de mendiants et de pauvresses encombraient les marches du temple une heure avant l'arrivée du cortège, et pour arriver à l'autel les deux époux durent traverser toute une haie de misères suppliantes qui répondaient par un concert de bénédictions aux aumônes que le comte et sa jeune fiancée laissaient tomber de leurs mains. Cependant, au moment même où la future comtesse de Puyrassieux, conduite par le marquis Félipe, entrait dans l'église, une vieille femme, agenouillée sur la dalle, étendit vers la mariée sa main qui tenait une lettre, et accompagna ce geste de quelques paroles en langue étrangère. A l'accent, au visage et au caractère particulier du costume, le marquis Félipe reconnut une compatriote : à ce titre, il donna une pièce d'or à la mendiante qui s'était remise à égrener son rosaire ; il allait lui rendre le papier qu'elle avait voulu donner à la mariée, lorsque celle-ci se pencha vivement à l'oreille du marquis et lui dit quelques paroles qui le décidèrent à conserver la lettre dont il lut l'adresse.

— Mais c'est pour toi, répondit-il à sa filleule, toujours à voix basse et en espagnol.

— Gardez-la, cher père, reprit celle-ci, sur le même ton et dans la même langue, — c'est quelque demande de secours, — vous m la remettrez plus tard. — Je crois avoir déjà vu cette malheureuse femme... et je m'intéresse à elle.

— Bien, dit le marquis en mettant le placet dans sa poche, — tu le trouveras, tantôt, dans ta corbeille de noce.

Toute cette petite scène, dialoguée à voix basse, avait échappé au comte de Puyrassieux. Quant à la mendiante, assurée que son placet arriverait à destination, elle avait rapidement achevé sa prière, et était sortie comme on allait fermer les portes de l'église, devenue trop étroite pour la foule nombreuse qui l'envahissait incessamment.

En quittant Saint-Philippe, la vieille femme se dirigea en toute hâte vers l'hôpital Beaujon, situé à peu de distance. Arrêtée par le concierge de l'hospice, elle lui jeta, en manière de laisser-passer, le nom d'une religieuse supérieure près de laquelle elle fut introduite sur-le-champ.

— C'est vous, ma brave femme, dit la religieuse en voyant entrer la mendiante dans son cabinet,

—vous venez me demander des nouvelles de votre protégé : — Hélas ! il ne va pas mieux. Depuis votre dernière visite, surtout, son état empire et, pour mon compte, j'ai perdu tout espoir. Il a eu cette nuit un accès de fièvre chaude qui nous a forcés de l'attacher dans son lit.

— Menez-moi vers lui, ma sœur.

— Impossible maintenant, répondit celle-ci; les règlements s'y opposent d'ailleurs. Mais avant tout, l'état du malade exige une tranquillité absolue, et on a remarqué que chacune de vos visites le laissait plus agité.

— Celle-ci le calmera, au contraire, reprit la mendiante; et puis, ajouta-t-elle, si Enrique doit mourir, — il ne doit pas mourir ici, — cela n'est pas dans la prédiction, murmura-t-elle à voix basse, et comme si elle se parlait à elle-même.

— Menez-moi vers lui, ma sœur ; menez-moi vite : je le veux.

A ce ton absolu, comme toutes les personnes de religion devant qui on oublie le langage de soumission auquel elles sont habituées, la religieuse opposa un refus formel. — Le malade est en danger, reprit-elle avec fermeté, et je serais coupable en vous laissant aller près de lui. — Allez demander une permission au médecin, et demain vous pourrez voir le malade,... s'il en est encore temps.

— Demain, demain, dit la mendiante avec une vivacité extraordinaire, demain il sera trop tard... Enrique attend ma visite pour vivre ou pour mourir... et il ne doit pas mourir ici. Je vous le répète, dit la vieille d'une voix convulsive... il ne doit pas mourir dans un lit... Il faut qu'il sorte de cette maison, qu'il en sorte de suite ; n'eût-il que le souffle... Il le faut, il le faut... C'est prédit, acheva-t-elle d'une voix si tremblante et avec des gestes si singuliers, que la religieuse en fut un instant effrayée.

— Mais, ma chère femme, qu'avez-vous, dit-elle, et que se passe-t-il ?

— C'est un secret, un secret où les filles de

Dieu n'ont rien à voir, ma sœur... ne me demandez rien, et accordez-moi ce que je vous demande.

— Rien, sans une permission du médecin.

— Sœur Henriette, dit la mendiante avec une voix brièvement impérative et un geste hautain, si jusqu'à présent j'ai supplié en vain, maintenant j'ordonne, et j'en ai le droit. Sur-le-champ menez-moi près du malade, ou, dans deux heures, la communauté sera instruite de ce qui se passait il y a dix-huit ans, la nuit de Noël, dans la cellule de la sœur Henriette, novice au couvent de la Visitation.

— Grand Dieu ! s'écria la religieuse avec épouvante...

— Silence et obéissance, dit la mendiante, après avoir tiré de son corsage une grande croix attachée à un ruban bleu : — Vous me reconnaissez maintenant, et vous voyez que j'ai le droit de commander ici. — Menez-moi donc à la salle où est le malade.

— Venez donc, ma mère, dit la religieuse en prenant une attitude de respect, et elle conduisit la mendiante vers une salle spécialement destinée aux blessés.

Elles arrivèrent près du lit 23, où était couché un jeune homme dont on n'apercevait pas le visage qu'il tenait caché sous les plis du drap.

— Comment va le malade, maintenant? demanda la religieuse à l'infirmier de service.

— Plus mal, ma mère, répondit celui-ci. Je crois qu'il est temps d'appeler M. l'abbé, car le malade pourrait bien *passer* avant peu.

— Vous voyez, dit la religieuse à la mendiante, on désespère.

— Je vous répète qu'il ne doit pas mourir ici, dit encore la vieille femme.

A cette voix, le malade tressaillit dans son lit, et, découvrant son visage, il se dressa sur son séant, regarda autour de lui, aperçut la mendiante, lui fit un signe du doigt pour l'appeler auprès de lui; tandis que d'un autre geste il commandait à la religieuse et à l'infirmier de s'éloigner. — Ce qu'ils firent tous les deux sur une invitation de la mendiante, qui s'approcha du lit où elle resta près d'un quart d'heure à causer avec le malade. Au bout de ce temps, elle rappela la religieuse, qui s'était tenue à l'écart.

— Ma sœur, dit-elle, après avoir enlevé la pancarte attachée au lit, le n° 23 a besoin absolument de sortir d'ici — aujourd'hui, — faites-lui signer son bulletin par le directeur. Allez vite.

— Mais, reprit la religieuse en reculant d'étonnement, cela n'est point possible ; dans l'état où est ce malheureux, il périrait avant d'être dehors de la salle ; jamais le directeur de l'hospice ne permettra cela.

— Ma sœur, dit à son tour le malade, je veux quitter cette maison sur-le-champ. J'en ai le droit. — Faites-moi signer mon bulletin de sortie.

— Allez, madame, continua la mendiante avec un signe mystérieux que la religieuse comprit, car

1.

elle donna sur-le-champ la pancarte du n° 23 à l'infirmier qui alla la faire signer au bureau, d'où il revint au bout de dix minutes.

Le malade était déjà habillé, aidé par la mendiante et la religieuse. Un peu chancelant d'abord, il retrouva toute sa fermeté au bout de quelques pas, et ce fut dans l'attitude d'un homme en parfaite santé qu'il quitta la salle en remerciant la religieuse des bons soins qu'elle lui avait donnés pendant le séjour qu'il avait fait dans l'hospice.

Arrivés à la porte de la rue, la mendiante et le malade firent avancer une voiture dans laquelle ils montèrent, et, après avoir recommandé au cocher d'aller au petit pas, ils se firent conduire dans un des hôtels garnis situés faubourg du Roule, et y arrivèrent peu de temps après.

Le maître de l'hôtel, peu rassuré par la garantie que lui donnait la mendiante, exigea des papiers du jeune homme qui voulait se loger chez lui. Celui-ci tira de son portefeuille un passe-port et divers actes attestant de sa qualité, et fut inscrit ainsi sur les registres de l'hôtel :

Enrique Mendez, *âgé de vingt-cinq ans, né à Salamanque;* ex-officier de l'armée d'Espagne, réfugié en France.

Après ces mesures, exigées par la police, le jeune Espagnol fut mis en possession d'une chambre dont la mendiante paya d'avance un mois de location.

— Es-tu sûre de réussir, au moins ? demanda le jeune homme à la mendiante, quand il se trouva seul avec elle.

— Je connais Sirène, répondit celle-ci, et je suis sûre d'elle.

— Mais, moi, pourrai-je attendre jusqu'à ce soir ?

— Oui, dit la vieille, après avoir fixement regardé Enrique, dont le visage était blanc comme un marbre... Seulement, agite-toi... Ranime ta vie, remue ta haine, cela te donnera de la force... pour attendre jusqu'à ce soir.

— Mais, dit Enrique, comment pourras-tu l'éloigner, *lui ?*

— Sois tranquille... J'ai fait une neuvaine à la Vierge. Mes mesures sont prises. Tout ira bien.

— Oh! que je souffre,... que je souffre, fit l'Espagnol en portant sa main à son côté et en comprimant une convulsion de douleur...

— Courage, dit la vieille en lui prenant la main... tu feras souffrir à ton tour, et cela te guérira.

— Oh! de l'air... je voudrais un peu d'air... j'étouffe, dit Enrique.

La mendiante alla ouvrir la croisée qui donnait sur la rue, et, après y avoir avancé une chaise, elle y fit asseoir le jeune homme, qui pencha sa tête en dehors pour aspirer l'air.

Au même moment, un homme qui était à la fenêtre d'un café situé en face de l'hôtel, se retira vivement à l'intérieur, en murmurant tout bas :

— Je ne m'étais pas trompé, c'est bien lui ; courons avertir mon maître.

Et il sortit précipitamment, du café après avoir jeté un nouveau coup d'œil sur l'hôtel garni, à la fenêtre duquel il aperçut encore la tête pâle du jeune Espagnol qui regardait vaguement dans la rue.

A l'heure même où se passait la scène que nous avons racontée, c'est-à-dire à peu près au même moment où le jeune Espagnol, Enrique Mendez, sortait de l'hospice Beaujon, voici ce qui se passait dans un appartement de la rue Laffitte.

Dans une espèce de salon-boudoir décoré avec une simplicité fastueuse, et dont, au premier coup d'œil, on pouvait supposer à l'hôte un grand goût artistique, deux jeunes gens, assis sur un divan bas, d'un confortable oriental, causaient avec une certaine vivacité, en jetant souvent les yeux sur une belle pendule de Boule qui était posée sur la cheminée, entre deux grands bronzes trouvés dans les fouilles d'Herculanum.

L'un de ces jeunes gens était en habit de voyage ; ses vêtements, couverts de poussière, attestaient une arrivée récente : il descendait, en effet, de voiture depuis une demi-heure, et les chevaux fumants, que les postillons dételaient dans la cour de la maison, épuisés, haletants, couverts d'écume, annonçaient que le dernier relai avait été franchi avec une rapidité inaccoutumée. Quant aux postillons, leur joyeuse humeur prouvait de la générosité du voyageur, qui leur avait payé les guides d'une façon royale.

Ce jeune homme était le neveu d'un chargé d'affaires d'un petit État germanique, et s'appelait Ulric Remfeld. Trois jours avant, il était sur le port de Plymouth et s'apprêtait à partir pour l'Inde anglaise, où il voulait aller faire la guerre sous les drapeaux de S. M. britannique. Au moment de s'embarquer, il reçut, de

France, une lettre dont la lecture changea soudainement ses projets ; car il alla sur-le-champ faire une visite à l'Amirauté, et il en sortit pour aller prendre ses passe-ports pour la France, où il était arrivé aussi promptement que si le paquebot et la chaise de poste qui l'avaient amené eussent eu les ailes de l'Aquilon.

Voici quel était le contenu de la lettre qui avait motivé le départ et l'arrivée si prompte du jeune Allemand.

« Mon cher Ulric,

» Vous savez si je suis votre ami, — je crois vous en avoir donné des preuves en maintes circonstances. Je vous ai vu, il y a six mois, brisé par le coup de tonnerre d'un amour malheureux, — c'était votre première passion. Vous avez faibli sous les coups de ces violents ouragans qui éclatent au début de notre vingtième année, et vous avez roulé au fond de cet abîme où le désespoir vertigineux a plongé votre esprit, dans les noirs tourbillons. — Selon l'usage, vous avez voulu mourir, et, pour accomplir ce projet, vous avez quitté la France, et vous êtes parti en Angleterre, la patrie du spleen. Là vous avez mis fin à vos jours, et vous êtes, à l'heure qu'il est, convenablement enterré dans un cimetière du comté de Sussex. Selon vos vœux, on a mis sur votre tombe un saule en larmes, et on a planté de ces petites fleurs bleues qui étoilent les rives des fleuves de votre patrie; vous êtes on ne peut pas plus mort, et vos amis ne vous attendent plus qu'au jugement dernier; ayez donc l'obligeance de ne point reparaître officiellement avant l'époque où les fanfares de l'Apocalypse convoqueront le monde à la résurrection éternelle. Vous pouvez, du reste, dormir en paix, j'ai scrupuleusement accompli les ordres divers que vous avez bien voulu me confier dans votre testament, dont le double est chez mon notaire. Je dois, pour votre satisfaction, vous avertir que vous avez été généralement regretté ; votre décès a fait couler des larmes des plus beaux yeux du monde. Vous étiez certainement le meilleur valseur qui ait jamais glissé sur un parquet ciré, au milieu du tourbillon circulaire que dirige l'archet de Strauss. En apprenant votre décès, ce grand artiste a ressenti un chagrin profond, et au dernier bal qui a eu lieu au Jardin d'hiver, il avait mis, pour témoigner sa douleur, un crêpe à son bâton de chef d'orchestre.

» Ah ! mon ami, si vous n'aviez pas eu des raisons aussi légitimes, combien vous auriez eu tort de mourir ! Mais vos vingt ans fragiles n'ont pu résister au premier choc de la douleur, et vous êtes parti. Si vous ne vous étiez pas tant pressé, peut-être seriez-vous resté parmi nous, car je sais plusieurs mains blanches qui se fussent tendues pour vous retenir dans la vie. Mais ce n'était point celle que vous aviez choisie, et ne pouvant point obtenir celle-là, vous avez repoussé les autres. Enfin, comme on dit : — Ce qui est fait est fait, vous êtes mort, et vous avez eu l'agrément d'assister à votre convoi, car je présume que vous vous étiez adressé une lettre d'invitation ; vous avez répandu des larmes sur votre propre tombe, vous vous êtes regretté sincèrement, vous avez porté votre douil, et vous avez hérité de vous-même, car je tiens à votre disposition les objets que vous vous êtes légués dans votre testament. A ce propos, mon cher ami, puisque vous êtes actuellement un habitant de l'autre monde, ne pourriez-vous pas me donner quelques détails sur la façon dont on s'y comporte? La mort est-elle une personne aimable, et fait-il bon à vivre sous son règne? Dans quelle zone souterraine est situé son royaume? Y a-t-il quatre saisons, et diffèrent-elles des nôtres? Que sont, je vous prie, les agréments dont jouissent les trépassés? Quel est le mode de gouvernement? Quel est le code des lois d'outre-vie ? vous qui devez être, à l'heure qu'il est, instruit de toutes ces choses, vous devriez bien me les communiquer : au cas où je viendrais à m'ennuyer déraisonnablement sous le vieux soleil, j'irais peut-être vous rejoindre là-bas où vous êtes, et je l'aurais déjà fait peut-être depuis longtemps, si je ne craignais de quitter le mal pour le pire.

» Vous avez eu l'obligeance de vous inquiéter de moi et de la façon dont je menais l'existence depuis que vous m'avez quitté ; — je suis resté le même, mon ami — ce qu'on appelle un excentrique, je crois ; mes goûts et mes habitudes n'ont aucunement varié, je dors le jour et je veille la nuit ; à force de volonté et de persévérance, je suis parvenu à arrêter complétement le mouvement intellectuel de mon être, et je me trouve on ne peut mieux de cette inertie qui me permet d'entendre un sot parler pendant trois heures sans avoir, comme autrefois, le méchant désir de le jeter par la fenêtre. J'assiste avec indifférence au spectacle de la vie qui a ses quarts d'heure d'amusement. J'ai été, il y a quelques jours, sur le point d'être forcé de recourir à ma plume pour conserver mon cheval, attendu qu'une dépêche télégraphique, arrivée je ne sais d'où, avait ruiné mon banquier, qui m'avait fait collaborer à ses spéculations, dans lesquelles il avait cru devoir engager ma fortune ; — mais, le lendemain même de ce désastre, un oncle à moi mourut dans un duel sans témoins avec un pâté de faisans ; et comme, peu soigneux de son caractère, il avait oublié de me déshériter, la loi naturelle m'e force à recueillir son bien, qui égalait au moins la perte que m'avait causée la pantomime du télégraphe. — Vous avez dû, au reste, rencontrer cet excellent homme, qui avait pour maxime que la vie est un festin.

» La mort de mon oncle, en me faisant possesseur d'une nouvelle fortune, me permettait donc de ne rien changer à mes habitudes, et j'ai continué à vivre comme devant.

» Cependant, pour si peu étranger que je sois aux affaires et aux intrigues du monde, j'ai, ces derniers temps, ouï parler d'une nouvelle qui vous intéressait assez pour que j'y prêtasse quelque attention, afin d'être en mesure de vous en instruire.

» Voici l'événement que je vous transmets sans aucun commentaire :

» Votre mystérieuse voisine que nous avions surnommée, et pour laquelle vous aviez cru devoir vous mettre à mort, dona Sirène, en un mot, épouse dans trois jours M. le comte de Puyrassieux. A titre d'ancien ami de cette personne, je crois qu'il serait poli que vous parussiez à son mariage, auquel j'ai été officieusement invité par son oncle le marquis Félipe B..., ce grand seigneur qu'on dirait peint et dessiné par Velasquez. — Je sais qu'au besoin votre qualité de défunt serait une excuse suffisante pour vous dispenser d'assister à cette cérémonie. Vous agirez donc comme il vous plaira; cependant si vous vous décidiez à paraître à ce mariage, je vous attendrai chez moi jusqu'au dernier moment. Pour ne pas effrayer l'assemblée, il serait peut-être convenable que vous ne vinssiez pas avec votre linceul. Quittez donc pour cette occasion votre négligé mortuaire et mettez-vous à la mode des vivants ; maintenant, comme autrefois, pour les cérémonies de ce genre, on s'habille de noir avec des gants et un gilet blancs. — Je vous rappelle ce détail, au cas où vous l'auriez oublié dans l'autre monde, où les usages ne sont peut-être pas les mêmes qu'ici.

» Je m'en rapporte donc à vous, pour savoir s'il est convenable ou non que vous assistiez à ce mariage qui fait grand bruit dans le monde parisien. Si vous êtes décidé à l'affirmative, vous me trouverez tout prêt samedi prochain, à midi, chez moi. Si vous n'étiez pas arrivé à cette heure, je partirais seul.

» Tout à vous,

» TRISTAN. »

Telle était la lettre singulière qui ramenait soudainement en France le jeune Ulric, dont trois mois auparavant les journaux anglais avaient annoncé la mort par suite de suicide.

Après une conversation d'une demi-heure avec son ami Tristan, celui-ci jeta un nouveau coup d'œil sur la pendule, et dit au voyageur :

— Eh bien ! mon cher, l'heure approche... Il est temps de songer à vous habiller.

— Mais, dit Ulric d'une voix tremblante d'émotion, il y aura dans cette assemblée beaucoup de personnes qui pourront me reconnaître, et ce n'est point là mon dessein. Je ne veux être vu *que d'elle seule*. — Oh ! la perfide !

— Comment, vous en êtes là, mon cher ! dit Tristan ; — vous avez donc oublié le mot de ses pères : PERFIDE COMME L'ONDE ? — Mais, encore une fois, pressez-vous. Mon domestique est à vos ordres. — Quant à être reconnu, n'ayez point d'inquiétude à ce sujet. — Vous resterez derrière un pilier, et, en tenant votre mouchoir sur votre figure, vous pourrez voir sans être vu, et puis d'ailleurs, on vous verrait qu'on ne croirait pas, — le temps des fantômes est passé... Seulement, vous aurez soin de jeter quelque parfum dans votre linge, — vous sentez une odeur cadavérique qui pourrait vous dénoncer... Allez vite.

Ulric passa dans un petit boudoir voisin, où le valet de Tristan l'aida à faire une toilette habillée.

Un quart d'heure après, il entrait, au bras de Tristan, dans l'église Saint-Philippe du Roule qui commençait déjà à se remplir des personnes conviées à l'union de la filleule du comte Félipe avec M. de Puyrassieux.

En apercevant la mariée qui s'agenouillait devant l'autel, Ulric mordit son mouchoir pour ne pas crier, et Tristan sentit la main du jeune Allemand qui se crispait dans la sienne.

— Allons donc, mon cher, lui dit-il tout bas, soyez plus calme ; pour un mort vous manquez de philosophie.

— Il faut que je la voie, il faut que je lui parle absolument, dit Ulric à l'oreille de Tristan, en jetant un regard enflammé sur la jeune comtesse de Puyrassieux.

— Mais, mon cher trépassé, dit Tristan, cela est bien difficile, — cependant ne vous désolez pas trop, — j'aurai peut-être un moyen de vous introduire à la fête qui aura lieu cette nuit à l'hôtel du marquis Félipe. — Faites-moi donc le plaisir de mieux cacher votre figure, il y a des gens qui vous regardent beaucoup.

— Ah ! ah ! mon Dieu, murmura Ulric, en suffoquant et en détournant les yeux du couple nuptial, sur lequel on inclinait le poêle, — mon Dieu, que je souffre !

Tristan le regarda avec une affection presque fraternelle, et lui dit tout bas à l'oreille :

— Calmez-vous, Ulric, — je vous jure que vous verrez ce soir dona Sirène, — et je vous promets un entretien particulier avec elle.

Avant d'aller plus loin dans cette histoire, nous

croyons nécessaire de dégager un peu des demi-teintes du second plan notre héroïne, qui n'a guère été que citée, et que nous avons eu à peine le temps d'entrevoir à travers son voile de fiancée, à l'heure où elle se rendait à l'autel. Nous allons donc présenter plus officiellement au lecteur cette belle personne, et nous profiterons du moment où, entourée d'un grand nombre de ses compagnes, toutes filles nobles et alliées aux premières maisons des différentes aristocraties de l'Europe, elle leur fait admirer les merveilles de sa corbeille de noce.

Dona Maria de Valdès avait vingt-deux ans, restée de bonne heure orpheline, elle avait été confiée à la tutelle de son parrain, le marquis de Félipe, et jusqu'à l'âge où elle avait été produite dans le monde, elle était demeurée dans un couvent de Madrid, où elle avait même voulu, dans un certain temps, prononcer une vocation, à laquelle elle renonça cependant, pour des motifs que nous ferons connaître plus tard, en même temps que nous apprendrons l'origine de son surnom de dona Sirène.

Dona Maria eût jeté en des extases infinies les poëtes amoureux de ces fières et ardentes beautés qui peuplent les paradis bruns des peintres de l'école espagnole. Jamais dans ses jours de plus grande prodigalité la nature n'a donné à une de ses créatures les plus chéries une plus riche dot de beauté. Dès sa quinzième année, Maria de Valdès était une de ces femmes dont le regard a droit de vie ou de mort sur ceux qui n'ont point en eux la force de volonté suffisante pour se soustraire à leur influence : on comprenait, à la voir un seul moment, comment un rayon échappé de ses prunelles ardentes pouvait allumer une de ces incurables passions qui ne se guérissent que par la réalisation des désirs sans nombre qu'elles excitent, ou qu'avec la mort. Les femmes qui possèdent cette terrible puissance, et le nombre en est rare, heureusement, sont de véritables fléaux ; car leur beauté surnaturelle exerce des ravages et commet des attentats qui échappent à la loi ; ce sont pour ainsi dire les Cléopâtres de la vie intime : la reine d'Égypte causa la ruine d'un empire, et ces divins démons de beauté causent souvent dans la société, où elles règnent avec toute l'omnipotence de leurs perfections, la ruine de bien des avenirs et le désastre de bien des jeunesses ; et que si, maintenant, dans un de ces beaux corps, merveille de la nature qui fait le désespoir de l'art, que si un mauvais ange, ennemi du genre humain, développe hâtivement l'instinct des passions mauvaises, qui existe toujours originairement au fond de toutes les âmes, ce chef-d'œuvre de beauté deviendra un monstre... Toutes les perfections dont aura été douée une de ces femmes seront autant de piéges où se perdront les cœurs honnêtes et les intelligences les plus belles. Ses regards, remplis de voluptueuses et invincibles attractions, multiplieront les fiévreux délires, et il n'est point d'homme qui, pour avoir le

droit de tomber à ses pieds, hésite un instant et
recule devant l'obstacle qui le sépare de cette
idole, cet obstacle fût-il même un crime !

Hâtons-nous de le dire, dona Maria de Valdès
n'était point au rang de ces redoutables créatures,
et le trésor de ses vertus égalait celui de sa
beauté. Restée jusqu'à dix-huit ans dans un cloître,
où la règle conservait encore l'austérité des
premiers temps du catholicisme, la jeune novice
était la plus pieuse et la plus chaste parmi les chas-
tes et pieuses filles qui vivaient dans cette sainte
retraite, dont le seuil, à de rares occasions seulement, s'ouvrait pour laisser passer un père ou
une mère. Malgré la haute position qu'il occupait,
le marquis Félipe lui-même, qui s'était chargé
de l'avenir de sa filleule, ne pouvait la voir que
trois ou quatre fois par an. Ce fut lorsqu'elle eut
accompli sa dix-huitième année, que la jeune fille
quitta le cloître pour aller habiter avec son
tuteur, ou plutôt pour voyager avec lui ; car le
marquis Félipe était presque toujours sur les

grands chemins, et ne se reposant que sur lui-même pour surveiller sa filleule, il l'avait toujours emmenée avec lui dans toutes les absences qu'il avait été forcé de faire pour des raisons d'État, soit en Italie, soit en France, soit en Angleterre, soit en Allemagne. A vingt ans dona Maria avait donc parcouru une partie de l'Europe, et c'était depuis deux années seulement qu'elle s'était fixée en France, avec son parrain le marquis Félipe B., qui avait définitivement établi son séjour à Paris. L'union de la jeune Espagnole avec le comte de Puyrassieux était un mariage d'amour ; et, chose rare, ce mariage avait été accueilli par une sympathie universelle. Nous raconterons en temps et lieu les détails qui précédèrent cette union, qui mettait, ce jour-là, en rumeur tout l'aristocratique quartier du faubourg Saint-Honoré.

Ainsi que nous le disions tout à l'heure, avant que les convives passassent dans la grande salle, où était préparé le repas nuptial, la jeune mariée avait entraîné dans la chambre, qu'elle allait quitter le soir même, l'essaim coquet de ses jeunes compagnes, et venait d'ouvrir à leurs yeux ravis le riche coffret qui contenait les présents de noce du comte Ange Spes de Puyrassieux.

Ces jeunes filles, au milieu desquelles la belle Espagnole resplendissait de cet éclat particulier que donne l'amour heureux, formaient un groupe charmant, où toutes les écoles de beauté étaient représentées par un suave modèle ; les blondes miss aux cheveux d'or pâle pleurant sur des épaules ayant l'éclatante blancheur des pierres de Paros ; des Italiennes gravement recueillies dans leur beauté grave, et qu'on aurait pu croire descendues toutes vivantes des toiles des plus glorieux maîtres de Rome ou de Venise ; des Allemandes au visage ovale, dont la pureté naïve s'éclairait aux doux rayons de leurs yeux, qui, suivant l'expression de la ballade, brillaient comme les étoiles de mai ; des Espagnoles de

Séville, de Grenade et de Tolède, de véritables *marchesas,* comme celle que chantait Alfred de Musset ; pour antithèse à ces fleurs d'une zone ardente, des filles de Norwége et de Suède, lis éclos sous les neiges polaires, créatures vaporeuses qu'on croirait voir sortir des nuages d'Ossian ; puis, perles féminines, des Françaises de Paris, des Parisiennes, c'est-à-dire le dernier mot de l'élégance et de la grâce, l'éclectisme de la beauté.

Assise au milieu de ce cercle, la jeune mariée venait d'ouvrir sa corbeille de noce, et à chaque nouvelle merveille qu'elle en tirait de ses mains blanches, c'était parmi toutes ses compagnes un hosanna soudain d'admiration. On déployait, non sans une jalouse coquetterie, les cachemires indiens, où des artistes inconnus avaient nuancé les arabesques féeriques, et ces flores idéales dont les Orientaux ont le secret. Non sans une innocente jalousie, les jeunes filles essayaient et drapaient sur leurs épaules ces riches tissus, où brillaient les nuances les plus éclatantes. Celle-ci, comme une autre Isis, se voilait sous un nuage de dentelles brodées dans ces contrées d'arachnéides qu'on appelle les Flandres ; celle-là agitait en dansant les plis soyeux d'une écharpe en crêpe de Chine ; une autre se perdait en de longues extases devant les royales étoffes sorties des ateliers de Lyon ; puis, après avoir bien examiné, admiré, critiqué même tous ces trésors de coquetterie, vint le tour des écrins. Le comte de Puyrassieux, qui était un fin lapidaire, avait lui-même fait son choix dans les plus somptueux magasins ; et jamais amant couronné des contes des *Mille et une nuits* n'avait apporté de plus somptueux présents aux pieds de sa bien-aimée. A chaque nouvelle pièce qu'on ouvrait, c'était un nouvel éblouissement, auquel succédait un cri où se mêlait en sourdine l'expression de cette convoitise secrète que toutes les femmes ont pour ce qui rayonne. Toutes les superfluités de la vie étaient prévues, diadèmes, bracelets, anneaux, pendants d'oreilles, bagues, chaînes. Le tout d'une valeur suffisante pour payer une province. Quand l'examen de toutes ces richesses fut achevé, dona Maria commença la distribution des cadeaux qui devaient la rappeler à ses jeunes compagnes. A celle-ci elle donna une bague ciselée par Froment Meurice, à celle-là un bracelet, à telle autre un diamant, à telle autre une perle, toutes un gage d'amitié, qui était aussi un dernier adieu de la jeune fille qui allait devenir une jeune femme. Cette distribution était à peine achevée, quand la comtesse de Puyrassieux trouva au fond du coffret un papier cacheté, plié en forme de lettre, et sur lequel elle lut son nom en espagnol. — Elle s'en saisit avec une inquiétude qui n'échappa point à ses compagnes, mais qui se dissipa bientôt, car elle se ressouvint du placet qui avait été présenté à son oncle au moment où ils entraient dans l'église, et elle se rappela que le marquis Félipe lui avait dit en lui montrant cette lettre : « C'est probablement quelque demande de secours ; tu la retrouveras dans ta corbeille de noces. »

Tranquillisée dès lors, elle glissa le papier dans son sein, et rejoignit avec ses compagnes la table où le repas nuptial allait commencer. Comme elle allait s'asseoir à côté du marquis, dona Maria aperçut en face d'elle son mari, dont le visage paraissait tout bouleversé par une émotion mystérieuse. La jeune femme jeta au comte un regard tendrement interrogateur ; le comte n'eut point l'air de soupçonner l'inquiétude de sa femme. Il fit un effort de volonté et imprima à son visage le cachet de la plus parfaite tranquillité.

Dona Maria crut qu'elle s'était trompée, — et recouvra tout le sang-froid du bonheur calme que lui avait fait perdre un instant le coup d'œil étrange que lui avait lancé son mari, — surtout au moment où son valet de chambre, François, était venu lui parler à voix basse.

Le repas, qui fut d'une somptuosité royale, dura trois heures, — après quoi on passa au salon. — Avant de s'y rendre, la jeune mariée s'échappa un instant dans une chambre solitaire où habitait une vieille femme, mise à son service depuis son séjour en France, et, tirant de son sein le billet qu'elle avait trouvé dans sa corbeille de noce, — elle rompit le cachet, et lut à la hâte.

Mais, au premier mot, — un cri sourd s'échappa de sa poitrine, — un masque de pâleur envahit son visage, ses yeux éteignirent leur ardent éclair, et elle tomba à la renverse sur un divan qui se trouvait dans la chambre.

Au bout de quelques minutes, le bruit qui se faisait dans l'appartement voisin la rappela à elle; elle reprit le billet qui était tombé à terre, elle le cacha au même endroit où elle l'avait serré la première fois, — et appelant aussi à son aide une force de volonté suprême qui commandât le calme à l'orage de terreurs dans lesquelles la lecture de ce billet l'avait fait plonger un moment, — elle redressa la tête, et rejoignit le salon au moment même où, étonné de son absence, le marquis Félipe allait aller à sa rencontre.

Comme les conviés quittaient la salle du repas, pour passer dans les salons déjà préparés pour le bal, le comte du Puyrassieux s'éloigna un instant, en entraînant avec lui son vieux serviteur François, le même avec qui il avait déjà eu, pendant le dîner, l'entretien à voix basse qui l'avait si fort troublé pendant quelques instants.

— Écoute, François, disait le comte à son domestique, avant de prendre des dispositions qui pourraient être inutiles, il faut être sûr : ne te serais-tu point trompé ? Le zèle dont tu as toujours fait preuve envers moi a peut-être été la cause de ton erreur. Tout ce que tu me dis me paraît incroyable, vois-tu.

— C'est pourtant la vraie vérité, monsieur, répondit François.

— Mais, enfin, comment as-tu pu soupçonner tout ce que tu viens de me dire ? Qui t'a mis sur la voix de cette menace mystérieuse qui attend justement au dernier moment pour éclater?

— Écoutez, monsieur, dit François avec une certaine gravité, depuis que je suis à votre service, et il y a longtemps, car je suis entré dans la maison du feu comte votre père comme vous commenciez à parler à peine; eh bien! depuis ce temps, avez-vous souvenir de m'avoir jamais surpris en flagrant délit de mensonge... pour un motif léger ou grave?

— Jamais, dit le comte, mais où veux-tu en venir?

— Patience, monsieur, continua François, vous avez toujours été pour moi un excellent maître, et j'ai toujours été pour vous un bon et fidèle domestique, et vous m'en avez récompensé, car, grâce à vous, le reste de mes jours est maintenant à l'abri du besoin. Vous ne pouvez pas faire pour moi plus que vous avez fait; et, de mon côté, n'ayant plus rien à désirer, je n'ai pas besoin de faire marque d'un zèle et d'une vigilance inutiles. Je ne vous dirai donc point que je m'étais depuis longtemps mis à la piste de celui que j'ai enfin rencontré, et dont j'ai été à même de connaître les desseins ; si je vous le disais, cela serait faux. Le hasard seul m'a mis sur la trace de ce mystère qui, comme vous le disiez, renferme une menace pour votre bonheur, et dès que la chose m'a été évidemment démontrée, j'ai cru devoir vous en prévenir.

— Mais encore, insista le comte, par quelles circonstances as-tu appris tout ce que tu m'as annoncé ?

— Je dois d'abord vous dire, monsieur, qu'il y a plus d'un mois que je suis instruit de l'arrivée en France de cette vieille bohémienne qu'on appelle Béatrix, et qui faillit vous faire assassiner autrefois en Espagne. Vous n'avez jamais voulu croire à la complicité de cette femme dans cette affaire ; mais, pour mon compte, il y a longtemps que mes doutes sont devenus des certitudes. En retrouvant Béatrix à Paris, juste au moment où votre union avec dona Maria venait d'être arrêtée, je n'ai pu m'empêcher d'avoir des inquiétudes. J'ai attribué le retour de cette femme à ce mariage, et sachant combien cette infernale créature a de haine contre vous, je me suis mis à la surveiller, et plusieurs fois je l'ai surprise rôdant aux alentours de cet hôtel, où je puis pourtant vous affirmer qu'elle ne s'est jamais introduite.

— Pourquoi ne m'as-tu pas averti de cela ? dit le comte.

— Je ne voulais point vous alarmer sur de simples présomptions, répondit François, et, sans prévoir les intentions de la bohémienne, présumant bien qu'elles ne pouvaient qu'être dangereuses pour vous, je me suis borné à empêcher toutes relations directes ou par lettres entre Béatrix et dona Maria, qui, hier encore, ne soupçonnait pas que sa compatriote fût à Paris.

— Comment l'a-t-elle donc appris alors ? dit le comte de Puyrassieux.

— Je vous l'ai dit tantôt, monsieur, répliqua François : Béatrix voyant que toutes ses tentatives de communications n'avaient pu lui réussir, a employé un autre moyen, auquel je n'ai pu, cette fois, mettre d'obstacle. Elle a été attendre dona Maria à l'église, et lui a tantôt fait remettre une lettre par M. le marquis Félipe.

— Et cette lettre, qu'est-elle devenue ?

— Cette lettre est maintenant entre les mains de dona Maria, qui l'a trouvée dans sa corbeille de mariage, où elle avait été déposée par le parrain de dona Maria, qui avait pris la bohémienne pour une mendiante, et la lettre pour une demande de secours.

— Mais alors qu'est-ce qui peut te faire supposer que cette lettre renferme, en effet, autre chose qu'une demande d'aumône ? Tu en ignores le contenu, après tout.

— Je le devine, au contraire, monsieur. Si

tel était vraiment le motif de la démarche de Béatrix, la lecture de son billet n'aurait point causé à doña Maria l'évanouissement et l'émotion violente dont j'ai été témoin quelque temps avant le dîner; mais ce n'est point là tout, monsieur, et ce qui me reste à vous apprendre vous convaincra qu'il y a réellement un danger auquel vous êtes exposé ce soir.

— Qu'est-ce encore ? parle donc vite, fit le comte avec vivacité.

— Écoutez, dit François, comme j'avais vu Béatrix remettre la lettre en question au marquis Félipe, je conçus l'idée que cette persistance à communiquer avec doña Maria cachait un dernier secret, et ce soupçon ne fit que s'accroître lorsque je vis le contentement qui se peignit sur le visage de la bohémienne quand elle eut remis son message en des mains sûres. Caché avec précaution, j'avais pu tout observer sans être vu; et au moment où Béatrix sortit de l'église, je sortis également, et, tout en restant derrière la vieille mendiante, qui marchait avec une grande hâte, je la suivis, bien convaincu qu'elle allait rendre compte de l'heureuse réussite de sa démarche à quelqu'un qui y était intéressé, et je voulais savoir à qui.

Je n'eus pas loin à aller, car Béatrix, en quittant l'église Saint-Philippe-du-Roule, se rendit à l'hôpital Beaujon, qui en est peu éloigné; — comme ce n'était point jour d'entrée publique, je ne pus la suivre, cela d'ailleurs n'eût pas été prudent, puisque je voulais qu'elle ne me rencontrât pas. A tout hasard, je résolus d'attendre que Béatrix sortît de l'hôpital, et j'allai l'épier chez un marchand de vins qui était en face. Je n'eus pas longtemps à attendre, car, au bout d'une demi-heure je la vis sortir, — mais non pas seule, — un homme l'accompagnait. Mais ils furent si vite montés en voiture que je ne pus reconnaître le compagnon de Béatrix.

J'avais déjà trop fait pour ne pas faire plus; — je me mis à la piste du fiacre, qui marchait très-lentement, et qui s'arrêta, au bout de dix minutes, devant un hôtel garni d'assez pauvre apparence, situé en haut du faubourg du Roule, près de la barrière.

Je me mis à quelque distance pour observer, à la descente de voiture, l'homme que Béatrix avait été prendre à Beaujon, et cette fois encore la distance à laquelle la prudence me commandait de rester m'empêcha de distinguer complétement ses traits. Pourtant le costume, les allures de ce jeune homme, qui paraissait brisé par une grande faiblesse, firent soudainement naître dans ma pensée un soupçon que je me promis bien d'éclaircir.

Pour cela il fallait attendre le départ de Béatrix, qui était entrée dans l'hôtel avec le jeune homme. Ne voulant point faire le pied de grue dans la rue, j'entrai dans un café voisin et je me mis en observation à la fenêtre.

— Après ? dit le comte, dont l'impatience semblait portée au plus haut degré. Après ?

— Au bout d'une heure Béatrix n'était pas encore sortie, et j'allais quitter mon poste, lorsqu'une fenêtre de l'hôtel garni s'ouvrit. Je prêtai la plus grande attention, et je vis...

— Qu'as-tu vu? dit le comte avec anxiété.

— Je vis que je ne m'étais point trompé dans mes soupçons. — L'homme que Béatrix était allée chercher à l'hospice était... — Je n'ai pas besoin de vous dire son nom, fit François, en regardant son maître. — Je vois dans vos yeux que vous avez deviné ce nom.

— Je ne devine rien, je ne veux point d'à peu près, dit le comte en serrant avec violence la main de son domestique; dussent tes paroles me rendre fou, dis-moi tout, — le nom de cet homme?

— Enrique Mendez... que vous avez tué en duel, il y a six mois, dans la campagne de Madrid.

— Enrique Mendez vivant! — fit le comte. C'est impossible; je l'ai vu mort à mes pieds.

— Vous l'avez mal tué, monsieur, dit François ; — c'est à refaire.

— Mendez vivant ! murmura le comte, comme s'il se parlait à lui-même. Enrique à Paris, — avec Béatrix, — au moment de mon mariage ! — Écoute, François, dit-il ensuite tout haut, en jetant à son domestique un coup d'œil interrogateur. — Tu sais encore quelque chose, tu ne me dis pas tout...

— Je vous ai dit tout ce que je savais, maintenant je vais vous dire ce que je présume. Mais, avant tout, monsieur le comte, vous êtes sûr de mon dévouement, vous savez si mon zèle est désintéressé, ne vous offensez donc point de mes présomptions, et ne vous fâchez point contre moi, si mes soupçons atteignaient la personne qui porte maintenant votre nom.

Le comte devint pâle, — mais ne prononça point une seule parole, — du geste, il fit signe à François qu'il était prêt à l'écouter.

— Monsieur, dit François, voici quelle est

mon idée. — La lettre remise au marquis Félipe par Béatrix, était de l'espagnol ; cette lettre est parvenue entre les mains de dona Maria, — je vous ai déjà dit que la lecture lui avait causé une violente émotion dont j'avais été le témoin ignoré ; — mais ce que je vous ai tu, c'est qu'en lisant cette lettre, dona Maria, se croyant seule, s'était écriée : — Comment lui répondre?

— Tu es sûr? dit le comte, en tressaillant.

— J'ai très-bien entendu ces paroles.

— Mais je ne puis pourtant pas soupçonner Maria, je ne puis pas la faire épier, cela serait une infamie. Tu te seras trompé, François, tu auras mal vu, mal entendu ; si ma femme a reçu le billet de Mendez, si elle l'a lu, c'est qu'elle aura été abusée. Elle a pensé que cette lettre venait d'une autre source, elle en ignorait le contenu, et après l'avoir lue, elle l'aura jetée à ses pieds.

— Après avoir lu ce billet, — madame la comtesse l'a serré dans son sein, et s'est écriée en se tordant les mains : Mon Dieu, qu'ai-je fait ? — comment lui répondre ? — J'ai très-bien vu, et très-bien entendu.

— Mais c'est impossible, cela, fit le comte. Dès le premier jour, manquer de confiance avec moi... — Encore une fois, cela ne se peut pas...
— Et d'ailleurs, Maria ne m'a point quitté un seul instant depuis que cette lettre est parvenue sous ses yeux... Dans un premier mouvement, pour un motif que j'ignore, elle aura songé à répondre, peut-être pour empêcher ce jeune homme de faire quelque folie. Mais elle ne répondra pas.

— Monsieur, dit François, en désignant au comte une femme de service qui passait furtivement dans une galerie voisine, — voyez-vous cette femme ?

— Oui, dit le comte ; c'est Inès, la camériste de ma femme ; eh bien ?

— Eh bien ! je gage qu'elle emporte une réponse pour Enrique Mendez.

— Oh! dit le comte, je vais bien savoir.

— Point d'éclat, dit François, laissez-moi faire ; dans une heure je saurai tout, et je viendrai vous instruire de ce que j'aurai appris.

— Je te le défends, dit le comte, je ne le veux pas : cela serait infâme.

— Dans une heure, monsieur, dit François, je serai dans votre cabinet, et il sortit, laissant le comte de Puyrassieux accablé par des doutes affreux:

— Ah! mon Dieu, mon Dieu, disait-il en se frappant le front avec les mains : tout ce qu'on m'a dit sur elle serait-il vrai!...

Cependant, comme les convenances réclamaient sa présence dans les salons où le bal allait bientôt commencer, le comte de Puyrassieux quitta son cabinet, et alla rejoindre les conviés. Si habile qu'il fût, il ne put dans les premiers moments réussir complétement à dérober sous le masque trompeur de l'impassibilité les inquiétudes et les angoisses auxquelles il était intérieurement en proie. Le marquis Félipe, habitué à lire le secret de la pensée sur les lignes du visage, devina que le mari de sa filleule était tourmenté par quelque mystérieuse préoccupation, et vint adresser au comte de Puyrassieux quelques questions précédées de nombreuses précautions oratoires. Le comte, voyant son inquiétude devinée, s'efforça seulement à en cacher la cause véritable, en lui supposant un motif quelconque, auquel le marquis Félipe crut, ou feignit de croire; car après avoir laissé le comte, il ne le quitta pas du regard, et s'aperçut des fréquentes sorties de celui-ci, qui allait toutes les cinq minutes dans son cabinet voir si François n'était pas revenu.

Au bout d'une heure, ainsi qu'il l'avait promis, le domestique était en effet de retour.

— Eh bien! s'écria le comte de Puyrassieux en le voyant entrer, que sais-tu? — qu'as-tu appris?...

— Monsieur, répondit François, j'ai suivi Inès.

— Après.... Où allait-elle?...

— Patience, monsieur le comte... En sortant de l'hôtel, Inès a d'abord, comme je m'en doutais, pris le chemin du faubourg du Roule... Mais, à la hauteur de l'hospice Beaujon, je ne sais quelle fantaisie il lui prit soudain, mais elle se retourna, et, bien que la distance qui me séparait d'elle fût assez grande, je crois qu'elle m'aperçut, car elle se retourna; elle demeura un moment indécise comme une personne qui réfléchit, puis je la vis tirer de sa poche une lettre.

— Celle de ma femme, dit le comte.

— Probablement. Inès, sa lettre à la main, s'approcha d'un commissionnaire, et lui parla quelques minutes en lui montrant le billet. Le commissionnaire indiqua du doigt une des rues qui communiquent du faubourg du Roule à l'avenue des Champs-Élysées, et je vis Inès entrer dans cette rue. Afin de ne point la perdre de vue, je pressai le pas, et parvins à la retrouver à portée

Pagination incorrecte — date incorrecte
NF Z 43-120-12

LIRE PAGE (S) 53
AU LIEU DE PAGE (S) 35

du regard, au moment où elle entrait rue de Chaillot.

— Mais, dit le comte... ce n'est point là que demeure Enrique Mendez. Ne m'as-tu pas dit tantôt qu'il demeurait dans un hôtel garni du faubourg du Roule?

— Oui, Monsieur, et c'est la vérité. Mais laissez-moi vous expliquer pourquoi la camériste de dona Maria avait pris ce faux chemin; elle me sait aussi dévoué à votre personne qu'elle est elle-même dévouée à madame la comtesse; malgré toutes mes précautions, Inès m'avait aperçu sur ses pas. Elle a pensé que je l'épiais, et, pour dérouter ma poursuite, elle a feint de demander à un commissionnaire la situation d'une rue qu'elle connaissait parfaitement, ce qui, dans sa pensée du moins, devait me faire croire que le but de sa course n'était pas celui que je supposais. Mais on ne joue pas facilement un vieux grison comme moi; j'avais mon idée, et les ruses d'Inès ne pouvaient pas m'y faire renoncer. Elle m'avait deviné, mais je la devinais aussi, et je compris que, ne croyant plus prudent de faire elle-même la commission dont on l'avait chargée, puisqu'elle me savait à ses trousses, Inès allait la faire faire par une autre personne, qui me serait inconnue, et dont je ne pourrais pas soupçonner la complicité.

— Enfin, dit le comte avec impatience, qu'est-il arrivé? avais-tu tort ou raison dans tes doutes?

— J'avais raison, monsieur, dit François, mais laissez-moi poursuivre. A peu près au milieu de la rue de Chaillot, Inès se retourna de nouveau pour voir si je l'avais suivie. Elle m'aperçut à une cinquantaine de pas derrière elle; puis, après avoir continué sa route cinq minutes encore, elle entra dans une maison d'assez pauvre apparence, située en face l'église de Chaillot. Pour moi, je continuai mon chemin, et j'allai prendre mon poste d'observation à une demi-portée de fusil, au-delà de la maison, dont je ne quittai point l'entrée du regard. Quelques instants après, je vis sortir Inès, qui m'aperçut encore, et pensa sans doute que j'allais de nouveau la suivre et perdre ainsi la piste de sa lettre. Mais l'hameçon avait été trop grossièrement tendu pour que j'y mordisse; seulement je jugeai utile de faire croire à la rusée que j'avais, comme on dit, donné dans son panneau. Comme elle marchait trop lentement, sans doute pour me donner plus de facilité à la suivre, je m'approchai d'un vieillard qui demandait l'aumône à la porte de l'église.

— Voulez-vous gagner cinq francs? lui dis-je.

— Que faut-il faire, mon bon monsieur? répondit-il avec joie.

— Vous allez suivre la première personne qui sortira de la maison n° 81, et vous viendrez me dire où elle sera allée, je vous attends à la porte de l'hospice Beaujon. Si vous vous y trouvez avant moi, vous m'attendrez : et je me remis à la poursuite d'Inès, qui continuait tranquillement son chemin et que je quittai au moment où elle rentrait à l'hôtel. Je remontai alors le faubourg jusqu'à l'hôpital Beaujon ; le mendiant m'attendait.

— Eh bien, lui dis-je, avez-vous fait ma commission ?

— Oui, monsieur, et j'étais même assez embarrassé.

— Comment cela ?

— Vous m'aviez recommandé de suivre la première personne qui sortirait de la maison n° 31 ; mais, comme vous veniez de me quitter, il en est sorti deux qui ont pris chacune un chemin différent : l'une remontait la rue, l'autre descendait.

— Diable, m'écriai-je, comment avez-vous fait ?

— Monsieur, dit le mendiant, comme j'ai pensé que vous étiez intéressé dans cette démarche, j'ai fait suivre la personne qui allait du côté de Passy par un petit enfant de chœur de la paroisse, et j'ai suivi la femme qui descendait la rue. Comme cela, pensai-je, ce monsieur sera content. Le petit Jean doit revenir ici me dire à quel endroit s'est arrêtée la vieille femme qu'il a suivie.

— Bien, répondis-je au mendiant ; mais vous, jusqu'où avez-vous été conduit par la personne que je vous avais recommandé de suivre ?

— Monsieur, elle s'est arrêtée faubourg du Roule, tout en haut, dans un hôtel garni.

— C'est bien, c'est bien, dis-je, en donnant au mendiant le double de ce que je lui avais promis.

— Mais, monsieur, s'écria-t-il, en me voyant m'éloigner, le petit Jean va venir, et vous saurez jusqu'où il a été.

— C'est inutile, répondis-je au mendiant ; c'est vous qui aviez pris le bon chemin ; je sais ce que je voulais savoir.

— Vous voyez, monsieur, dit François au comte, vous voyez, à n'en pas douter, que j'avais raison. L'Espagnol a reçu la lettre.

— Oui, dit le comte de Puyrassieux, qui, après avoir suivi avec attention le récit de son domestique, était tout à coup tombé dans de profondes réflexions, d'où il ne sortait que pour laisser échapper des paroles sans doute comme celles-ci : — Que faire ?... comment savoir ?... que contenait cette lettre ?... et autres exclamations pleines de doute ou de désespoir.

— Écoutez, monsieur, reprit François, je n'en ai pas fini avec Inès... Il y a un mot à cette énigme, et je vous assure que je le saurai... La camériste de la comtesse croit m'avoir joué... puisqu'elle se figure avoir dérouté ma poursuite. Elle aura donc moins de défiance de moi, et s'il y a quelque chose à apprendre, je le saurai plus facilement et je vous en instruirai sur-le-champ.

— Au même moment le marquis Félipe entrait. Ah ça, mon cher, dit-il au comte, qu'est-ce que cela signifie ? que faites-vous ? que devenez-vous ? Pourquoi ne pas rester dans ce salon ? On cause de votre absence ; ma filleule elle-même est inquiète. Voyons, vous nous cachez quelque chose ; ayez de la confiance en moi. Avez-vous appris quelque malheur ? il faut qu'il soit bien sérieux pour vous préoccuper à ce point au moment où nous sommes... Si c'est un secret que vous deviez absolument garder, je ne vous demande pas de confidence... Mais au moins jusqu'à demain mettez en oubli cet événement. Songez aux présomptions dangereuses qu'une plus longue absence pourrait faire naître parmi tout le monde qui est ici.

— Vous avez raison, marquis, répondit le comte ; j'ai, en effet, quelques inquiétudes toutes personnelles, mais qui sont, après tout, sans grande gravité. Excusez-moi si je suis discret avec vous... Demain ou après je le serai moins. Vous êtes de bon conseil, et au besoin je vous demanderai votre avis... Pour le moment je suivrai celui que vous venez de me donner. J'étoufferai une préoccupation passagère, et qui, après tout, peut n'être pas légitime sous la joie de mon bonheur présent... Rentrez dans le salon ; venez, marquis, venez revoir Inès...

— Qu'est-ce que cela veut dire, murmura à voix basse le marquis Félipe, pendant que le mari de sa filleule était allé saluer l'ambassadeur d'Espagne qui venait d'entrer.

Au dehors une claire nuit d'été faisait resplendir ses étoiles. L'air, plus pur en cet endroit que dans les autres quartiers du centre de Paris, charriait des nuages de parfums qui s'élevaient des nombreux jardins d'alentour, embaumés par toutes les floraisons de juin. Les fenêtres de l'hôtel du marquis Félipe brillaient comme le palais de quelque légende féerique, et l'on voyait passer dans la pure lumière de la fête nocturne des groupes de femmes parées, et des couples unis que la valse emportait dans ses rapides et voluptueux tourbillons. Il était une heure, et le bal commençait à tirer vers sa fin.

Dans un angle du salon, le marquis Félipe ; le comte et la jeune comtesse de Puyrassieux recevaient les félicitations des personnes qui venaient prendre congé d'eux.

Le comte semblait avoir oublié toutes ses inquiétudes : il trouvait des mots charmants pour tous ses amis, et de temps en temps, il se penchait à l'oreille de sa femme pour lui dire quelque tendre parole, à laquelle celle-ci répondait par un regard, où l'œil le plus soupçonneux et l'esprit le plus jaloux n'eussent vu que de l'amour. Seul le marquis Félipe avait l'air réfléchi et sérieux : c'est que, mieux que personne, connaissant sa filleule, et étant, par habitude d'état, d'ailleurs, habile à deviner l'ensemble des choses par le plus petit détail, le marquis Félipe n'était nullement rassuré par l'attitude calme que gardait la comtesse, qui était parvenue à tromper son mari, au point que celui-ci mettait intérieurement plus qu'en doute tous les singuliers récits que lui avait faits son domestique François. Sous ce front pur et blanc, couronné de la fleur nuptiale, le marquis Félipe, de son regard inquisitorial, auquel rien n'échappait, voyait passer l'ombre des tumultueuses pensées qui emplissaient l'âme de la jeune femme; à l'aide de certains tressaillements, mal contenus, qui revenaient à intervalles inégaux, et habilement dissimulés au comte de Puyrassieux, le marquis suivait le combat mystérieux que la comtesse se livrait à elle-même ; mais, témoin de l'effet, il ignorait la cause.

Le marquis Félipe n'était point le seul à observer dona Maria. Adossés dans un coin du salon, et presque cachés par une colonne, se tenaient aussi aux aguets, Tristan et le jeune Ulric Remfeld, qui causaient à voix basse.

— Mon cher trépassé, disait Tristan à son compagnon, je vous prie de remarquer que si vous tenez à n'être pas reconnu, il faut songer à vous retirer, sinon votre incognito, qui a pu être gardé au milieu de la foule énorme qui emplissait le salon, pourra être facilement trahi, maintenant que le monde commence à s'éloigner.

— Je n'ai plus ici aucune personne de connaissance, dit Ulric, en jetant sur le comte de Puyrassieux, qui parlait bas à sa femme, un regard chargé de toutes les flammes de la jalousie. Tristan, à ce coup d'œil, devina le supplice atroce auquel son ami était en proie.

— Mais, lui dit-il avec une douceur toute fraternelle, rappelez-vous ce que vous m'avez promis, et tenez votre promesse comme moi-même j'ai tenu la mienne.

— Que vous ai-je promis ? fit machinalement Ulric, et sans quitter des yeux le comte et la comtesse.

— Je vous avais promis de vous introduire au bal donné par le marquis Félipe, et nous y sommes depuis deux heures. Je vous avais promis de vous faciliter un entretien avec dona María; cet entretien, vous l'avez eu et personne ne l'a soupçonné. J'ai donc scrupuleusement accompli mes promesses ; ayez la même fidélité, mon cher Ulric ; souvenez-vous que vous m'avez juré que nous ne resterions ici juste que le temps nécessaire aux adieux que vous veniez adresser d'outre-tombe à cette belle personne, dont la conduite est après tout moins condamnable que vous ne le pensez ; car votre mort la libérait des engagements qu'elle avait pu prendre envers vous.

— Eh ! mon ami, cessez de plaisanter, dit Ulric.

— Mon ami, je suis grave et ne plaisante en aucune façon. Vous oubliez la situation dans laquelle vous vous êtes mis vous-même, et c'est en cela que vous avez complétement tort. Je croyais que les morts dépouillaient, en quittant ce monde, toutes les passions qui s'y meuvent ; il faut croire que je me trompais, au moins vous m'en offrez la preuve. Mais après tout, quels sont vos projets, quelles peuvent être vos espérances dans la situation présente ? Qu'attendez-vous de dona Maria, qui ne s'appartient plus, qui est à cette heure comtesse de Puyrassieux, et qui a épousé son mari par amour, s'il faut en croire tout ce qu'on rapporte ?

— C'est là qu'est la perfidie, dit Ulric. Quoi ! si peu de temps après m'avoir juré qu'elle ne serait qu'à moi !

— Mais, mon ami, vous ne lui avez point donné le temps d'être à vous, et la pauvre enfant ignorait que vous auriez le rare privilége de quitter votre tombeau, pour venir réclamer une promesse, que votre mort parfaitement authentique lui permettait d'oublier, je vous le répète.

— Mais c'est par elle et pour elle que je suis mort ; ou que je passe pour l'être, dit Ulric en se reprenant.

— J'ignorais ce secret, dit Tristan, et quand vous aurez le temps, je vous prierai de m'instruire des détails ; mais ce que vous venez de me dire ne change rien à la situation. Vous êtes pour le monde, jusqu'à ce que l'erreur soit régularisée, complétement mort, ne l'oubliez donc pas ; aussi mort qu'on peut l'être quand on a été trois mois locataire d'une fosse, creusée à six pieds sous terre dans un cimetière anglais. A l'heure qu'il est, vous n'êtes plus que cendres, mon ami. Votre être est retourné au centre de la production universelle. Vous êtes chair à vermisseaux. Vous développez vous-même l'active croissance des arbres qui ombragent votre tombe. Les fleurs qui l'ornent sont nées de vous-même, et au résumé, vous êtes assez panthéiste, pour que je n'aie pas besoin de prendre la peine de vous dire tout cela. Or, je vous prie, encore une fois, que pouvez-vous en cet état de choses ? n'êtes-vous point satisfait d'avoir pu ressusciter pendant un jour et d'être venu, sous votre forme d'autrefois, effrayer une jeune femme à peine descendue de l'autel ? Je ne m'étonne que d'une chose, c'est qu'elle ne soit point morte de frayeur en apercevant votre fantôme se dresser entre elle et celui à qui elle vient de donner la main. Mais laissons cela : vous vouliez voir dona Maria, ou dona Sirène, vous l'avez vue ; vous vouliez lui parler, et vous lui avez parlé. C'était tout ce que vous demandiez ce matin ; que voulez-vous de plus maintenant ? qu'attendez-vous ici ? pourquoi ne pas nous retirer ?

— Partir maintenant, les laisser seuls! répondit Ulric en montrant le comte et la comtesse; oh! non, non!... cela m'est impossible.

— Cela doit être pourtant ; à moins que vous ne préfériez rester le dernier ici, et attendre que les domestiques viennent vous prier de sortir.

— Ce n'est point ici que j'attendrai, répondit Ulric. Et prenant la main de son ami, il ajouta : Je vous remercie de ce que vous avez fait pour moi, mon cher Tristan... Je vous donnerais bien des explications qui vous feraient comprendre le motif pour lequel je demeure ici ; mais cela serait trop long. Vous avez fait pour moi ce que vous pouviez faire ; si je suis fou ou sage, Dieu le sait ; mais je ne veux point vous mêler plus longtemps à ma folie : ce serait trop exiger. Laissez-moi donc et retirez-vous ; ou plutôt, comme c'est vous qui m'avez amené, les convenances exigent que nous allions ensemble saluer le marquis Félipe ; après quoi, nous sortirons tous les deux, et je m'arrangerai pour rentrer...

— Ah çà ! mon ami, que méditez-vous ?... Là, sérieusement... vous êtes sinistre comme un dénoûment de mélodrame, et je ne vous laisse aucunement à vos propres pensées : la jalousie est une mauvaise conseillère... Je sais bien que c'est un tourment horrible que de voir la femme qu'on aime et qu'on désire passer devant soi, sa main dans la main d'un homme qui va tout à l'heure effleurer sa couronne virginale... Mais, encore une fois, mon ami, vous l'avez voulu ; et combien dois-je vous dire que vous n'existez plus maintenant, pour dona Sirène, que comme un souvenir ?... Voyons, soyez calme et brave... et passez un peu avec moi sur ce balcon. Voici le jour qui commence à poindre : on dit que le spectacle du lever de l'aurore ramène à la vertu...

— Ne craignez de ma part aucun scandale ;

c'est vous qui m'avez amené ici, et je ne vous compromettrai pas, répondit Ulric en résistant à Tristan qui voulait l'entraîner sur un des balcons donnant sur le jardin de l'hôtel... Je reste, mon ami, je reste, et, s'il faut tout vous dire... j'y suis invité.

— Je présume au moins que l'invitation n'est point signée du comte de Puyrassieux, dit Tristan.

— Elle est signée de sa femme, dit Ulric à voix basse.

— Oh !... C'est impossible... c'est impossible.

— ...Tenez, fit le jeune homme en tirant de sa poche un petit papier qu'il montra à Tristan, et sur lequel celui-ci lut à la hâte ces quelques lignes :

« Ayant foi en votre honneur et en la promesse que vous m'avez faite de quitter Paris demain matin, je consens à recevoir vos adieux cette nuit. Je vous attendrai dans le petit pavillon du jardin, où Inès vous introduira. Vous quitterez le bal au moment où je laisserai tomber mon bouquet ; ce sera le signal. Inès est prévenue, et vous guettera au départ pour vous conduire à l'endroit où nous devons nous voir pour la dernière fois.

» MARIA. »

— Eh bien, dit Ulric, vous voyez que je ne peux pas m'en aller.

— Mon ami, vous abusez de la résurrection, répondit Tristan, et vous courez le risque d'être tué une seconde fois. Le comte de Puyrassieux est élève d'Othello pour la jalousie, et élève de Grisier pour les armes ; s'il a vent de ce roman, votre affaire est claire, et vous aurez, — homme en tout privilégié, — la rare satisfaction d'être enterré deux fois en deux endroits différents. Mais tenez... voici le salon qui se vide peu à peu ; — deux heures et demie ont sonné, une dernière fois, profitez d'un bon conseil : — allons souper tous les deux. — A propos de souper, vous savez que le café Anglais est complétement déchu. Les truffes y sont récoltées dans une succursale du Périgord qu'on appelle les Batignolles. — Sérieusement je vous convie à souper...

— Donnez-moi un rendez-vous, j'irai vous rejoindre ; mais je reste ici, ou plutôt je repars ; car voici le signal, dit Ulric en montrant dona Maria qui, se levant pour saluer quelqu'un, venait de laisser tomber son bouquet.

— Partons donc, dit Ulric. Et les deux jeunes gens allèrent prendre congé du marquis Félipe et des nouveaux époux.

— Cette femme est un chef-d'œuvre de dissimulation, pensa Tristan en voyant l'air calme sur lequel dona Maria répondit au salut que lui fit Ulric.

— Maintenant, mon cher, dit le jeune Allemand à Tristan quand ils furent dans l'antichambre, laissez-moi descendre seul et le premier. Inès hésiterait peut-être à m'aborder si elle me voyait accompagné.

— Allez donc, dit Tristan, je vous attendrai une heure et demie au café de Foy, où je vais commander un souper pour deux bons vivants, dont un mort.

Inès, qui était aux aguets, fit un signe à Ulric comme celui-ci sortait de l'antichambre ; et sans qu'ils eussent été aperçus, ils entrèrent dans une pièce voisine, dont Inès prit la clef après avoir enfermé Ulric.

— Je viendrai vous chercher dans une heure, dit-elle en ressortant.

— Et maintenant, à l'autre, ajouta la camériste. En descendant l'escalier, et avec beaucoup de vivacité, elle rencontra François qui battait les murailles en grommelant : il était ivre à la quatrième puissance.

— Bon, dit Inès, tout ira bien. — Notre argus est aveugle.

Suivant l'usage, la jeune mariée avait été conduite dans la chambre nuptiale par deux dames, dont l'une était la tante du comte de Puyrassieux et l'autre une parente du marquis Félipe. Après lui avoir aidé à quitter sa toilette de bal, les deux femmes quittèrent dona Maria, qui resta seule ; son mari était dans l'appartement du marquis, qui avait désiré avoir un entretien avec lui.

Dona Maria était vêtue d'une longue robe en cachemire blanc, serrée à la taille par une cordelière, et ayant quelque ressemblance avec les robes que portent les jeunes novices dans les couvents. Ses cheveux, noirs et lustrés par d'humides parfums, étaient plaqués sur ses tempes et faisaient un cadre d'ébène à son visage, recouvert en ce moment d'un masque de pâleur sous lequel disparaissait presque entièrement cette brune couleur ombrée qui, lorsqu'on regardait dona, faisait songer aux vers d'Alfred de Musset sur une marquise espagnole.

Assise dans un grand fauteuil qu'elle avait avancé près de la croisée, la comtesse inclina sa tête dans ses mains et demeura quelque temps plongée dans cette attitude de rêverie, dont l'approche de sa femme de chambre vint la tirer. En voyant entrer Inès, dona Maria se leva avec précipitation et courut au devant de la camériste.

— Eh bien ! Inès, demanda-t-elle, as-tu réussi ?
— Oui, madame.
— Et personne ne t'a vu
— Personne.
— Tu es sûre ?
— Bien sûre, madame ; ah ! pourtant, fit Inès en se reprenant, j'ai été rencontrée par François, le valet de chambre, au moment où je venais d'introduire M. Ulric dans ma chambre. Mais il il n'y a rien à craindre, François était hors d'état de rien voir.
— Ulric est donc chez toi ?
— Oui, madame.
— Et l'autre ?

— Il est dans le jardin, avec la vieille Béatrix, qui a voulu l'accompagner pour lui porter secours en cas de besoin, car le pauvre garçon est à moitié mort, cela fait pitié vraiment.

— Tu n'as point essayé de lui faire comprendre qu'il me serait impossible, cette nuit surtout, d'avoir avec lui l'entretien qu'il demande?

— J'ai essayé, madame, mais toutes mes remontrances à ce sujet ont été vaines. Il veut vous voir une dernière fois. Béatrix, surtout, l'encourage à persister dans ce projet, et, au cas où vous voudriez renoncer à tenir la promesse que vous lui avez faite tantôt dans cette lettre que j'ai eu tant de peine à faire parvenir, le jeune Mendez et sa compagne Béatrix m'ont fait comprendre qu'ils se serviraient de cette lettre pour vous forcer de venir au rendez-vous.

— Comment cela? fit dona Maria épouvantée.

— Oui, dit Inès, Enrique Mendez m'a dit : Si ta maîtresse n'est pas au jardin à l'heure indiquée, une heure après son mari recevra la lettre qu'elle m'a adressée tantôt.

— Oh ! mon Dieu, mon Dieu ! qu'ai-je fait ! Mais que peut-il me vouloir ?... Qu'espère-t-il ?

— Il n'espère rien, et veut seulement vous voir, madame, comme je vous l'ai dit ; il est dans le jardin, caché dans un des bosquets les plus profonds, et à l'extrémité la plus opposée du pavillon, où je vais conduire M. Remfeld tout à l'heure.

— Mais s'ils allaient se rencontrer ? dit la comtesse.

— Il n'y a aucun danger, madame : Enrique peut à peine se soutenir et ne quittera pas le banc où il est assis ; quant à M. de Remfeld, je le conduirai au pavillon, où je l'enfermerai, et vous irez le joindre quand vous quitterez Enrique. Du reste, je les ai prévenus tous deux que vous ne resteriez que dix minutes avec eux. — Qu'importe le temps ! je veux la voir, m'ont-ils dit chacun de son côté. — Que madame soit sans inquiétude, ajouta la camériste, cette démarche est toute simple et assurera la tranquillité de madame. Le plus grand mystère nous entoure, et personne ne peut se douter de l'aventure qui va se dénouer tout à l'heure ; seulement le temps passe, l'heure approche, et madame devrait profiter de ce que M. le comte de Puyrassieux est retenu chez M. le marquis pour descendre au jardin : dans un quart d'heure tout serait fini, et ces deux jeunes gens seraient hors de la maison.

— Non, dit dona Maria, j'attendrai le comte... et j'obtiendrai de lui qu'il me laisse seule cette nuit.

— Oh ! fit Inès avec un doute.

— C'est mon affaire, continua la comtesse, sois prudente, descends dans le jardin, et fais prendre patience à ceux qui m'attendent. Va vite, va... J'entends marcher... C'est peut-être le comte...

C'était en effet Ange de Puyrassieux qui se dirigeait vers l'appartement de sa femme ; il entra comme Inès en sortait, et il ne la vit pas sortir.

Le comte avait une attitude grave et solennelle, il s'arrêta un instant au milieu de la chambre et contempla Maria, qui s'efforçait de surmonter les orageuses émotions auxquelles elle était en proie, et qui s'approchait de lui le sourire sur les lèvres.

— C'est impossible, murmurait le comte en restant debout et sans avancer, tant de calme auprès de tant de perfidie ! — C'est impossible, ce François est fou, son ivresse n'est point feinte comme il le dit, elle est réelle. Oh! non, non, je ne puis croire ce qu'il m'a dit. Allons, loin de moi ces odieuses pensées. Et il s'avança près de sa femme, lui prit la main et la porta à ses lèvres.

— Chère Maria, lui dit-il en la faisant asseoir auprès de lui sur une causeuse, nous voilà donc seuls, enfin.

— Oui, fit la jeune femme, dont le front s'empourpra subitement d'un nuage rose. Oh ! mon Dieu, pensait-elle tout bas, comment l'éloigner ?

— Combien cette journée m'a paru longue, combien me semblaient lentes toutes les heures qui me séparaient de cette heure de solitude ou d'amour qui vient enfin de sonner ! Oh ! ce bal, j'ai cru qu'il ne finirait pas. Et le comte prit dans la sienne, et la serra avec tendresse, la main que sa femme lui abandonna. Cette main était brûlante : la comtesse détournait la tête.

— Souffrez-vous ? lui demanda son mari avec inquiétude.

— Ce n'est rien, répondit la comtesse, un peu de fatigue, la chaleur, le bruit...

— Il fait une chaleur étouffante ici, dit le comte en se levant ; et il alla ouvrir la fenêtre, en jetant, malgré lui et comme poussé par une involontaire réflexion, un coup d'œil interrogateur sur le visage de sa femme ; il n'y découvrit aucune émotion. Dona Maria gardait son immobilité silencieuse, une pensée unique préoccupait son esprit. Comment allait-elle s'y prendre pour éloigner son mari, qui, penché à la fenêtre, admirait la sérénité de cette [belle nuit d'été ?

— Que lui dire, mon Dieu, que lui dire? murmurait la jeune femme pendant que le comte quittait la croisée et venait se rasseoir auprès d'elle.

— Maria, lui dit le comte en se mettant à genoux devant elle, laissez-moi vous répéter ce que je vous ai déjà dit plusieurs fois ; laissez-moi vous remercier pour tout le bonheur que votre amour m'a donné déjà, pour tout celui qu'il doit me donner encore ; quelle providence bénie vous a donc placée sur mon chemin, et si vous deviez vous y rencontrer, pourquoi donc avez-vous tardé si longtemps ? Grâce à vous, Maria, cette seconde jeunesse, qui revient si rarement à ceux qui ont mal usé de la première, est avec vous revenue vers moi. Je marche de nouveau sous l'équateur de l'espérance et de l'amour, je renonce aux projets que j'avais conçus avant de vous connaître. A ceux dont le cœur est remonté dans l'esprit, à ceux-là de marcher dans les routes ténébreuses, et de poursuivre sans trêve les fantômes d'ambition qui rendent leur front blême ; à eux les luttes des passions, les convoitises des vains honneurs ! Mais à moi, cœur rajeuni par l'amour, à moi le monde souriant des belles poésies ; à moi, tant que vous me conserverez votre tendresse, ô Maria ! à moi le vrai bonheur, l'unique félicité d'ici-bas ; à moi l'amour !

— Oui, Ange, dit à son tour dona Maria, émue par la voix vibrante de son mari, qui faisait tressaillir dans son âme tout un monde de tendresse, oui, je vous aime, et je suis fière d'être à vous. Et, comme subjuguée par un charme invincible, elle laissa tomber sa tête sur l'épaule de son mari.

Et pendant dix minutes au moins, les deux époux restèrent plongés dans une silencieuse extase.

Tout à coup l'heure sonna aux environs ; dona

Maria tressaillit, comme frappée d'une commotion électrique, et s'échappa des bras de son mari.

— Ange, lui dit-elle d'une voix tremblante, j'ai quelque chose à vous demander, promettez-moi que vous ne me refuserez pas. Je suis maintenant votre femme, je vous appartiens, je deviens votre esclave, et c'est avec joie..., mais pour une heure encore, et sans me demander le motif de cette bizarrerie, laissez-moi seule, pour une heure laissez-moi seule.

Le comte, étonné de cette étrange demande, ne se hâtait point de répondre : les soupçons dont on avait troublé son esprit se réveillèrent, et il allait probablement demander quelques explications, quand on frappa soudainement à la porte.

— Ouvrez, Ange, dit une voix que le comte et sa femme reconnurent pour être celle du marquis Félipe, ouvrez !

— Monsieur le comte, dit le marquis, qui

5.

tenait un gros paquet de papiers, je viens de recevoir à l'instant, par un courrier extraordinaire, des dépêches d'une haute gravité, et à propos desquelles j'ai besoin de vous consulter.

— J'ai vu de la lumière dans votre appartement, et malgré l'inopportunité de ma visite en un pareil moment, votre intérêt, peut-être, exige que vous veniez sur-le-champ prendre connaissance des pièces qu'on vient de m'adresser.

— Je vous suis, monsieur, dit le comte de plus en plus étonné ; vous le voyez, dit en se retournant vers sa femme le comte de Puyrassieux : je n'aurais point consenti à vous accorder ce que vous me demandiez, que votre liberté ne s'en serait pas moins prolongée d'une heure...; mais je vous préviens, dût-il s'agir du sort de l'univers entier, une minute de plus à cette heure, je ne l'accorderais pas, et je me rendrais ici...

— Enfin ! s'écria la comtesse quand elle se trouva seule, enfin me voilà libre... Inès, Inès !

fit-elle en appelant sa femme de chambre, qu'elle savait être dans une pièce voisine, et qui vint en effet à l'appel de sa maîtresse.

— Inès, je suis libre..., le marquis est venu chercher mon mari à cause de certaines dépêches. — J'ai une heure à moi, vite ma mante, et partons...

— Partons, dit Inès, on doit commencer à s'impatienter...

En entrant au café de Foy, où il avait donné rendez-vous à Ulric, Tristan rencontra trois de ses amis qui étaient venus achever, par un souper, une nuit passée autour d'une table de jeu. C'étaient MM. Antony de Sylvers, le vicomte Séraphin et Lazare de Chabannes-Malaurie, qui devaient tous trois, quelques jours plus tard, collaborer à une aventure dont le retentissement fut immense dans le département de la Seine et de Seine-et-Oise. Après les salutations d'usage, Tristan prit place auprès de ses amis.

— Ah çà! par quel hasard êtes-vous dehors si tôt ou si tard? demanda le vicomte Séraphin à Tristan.

— Ce n'est point par hasard, répondit celui-ci, — je sors du bal.

— Comment du bal! en cette saison! exclama le trio.

— Quel est donc l'original qui se permet ces excentricités-là? fit M. de Sylvers.

— C'était un bal de noces, répondit Tristan.

— On se mariera donc toujours? ricana Lazare.

— Heureusement pour nous, messieurs, fit le vicomte Séraphin.

— Eh! dites-moi, Tristan, demanda Antony de Sylvers, les nouveaux époux ne sont donc point de notre monde à nous, que nous avons ignoré ce mariage?

— Ah! messieurs, dit Tristan, vous jouissez d'une trop terrible réputation pour que le nouveau mari vous ait invités à sa noce, — dont il a dû vous instruire pourtant, car il fut autrefois un des vôtres. — Vous rappelez-vous Ange de Puyrassieux ?

— Ah! très-bien, j'y suis maintenant, j'ai entendu parler de cela, en effet. Mais c'est un mariage d'amour, dit-on, un roman. N'épouse-t-il pas une jeune Espagnole, M. de Puyrassieux ?

— C'est cela même, dit Tristan, la filleule du marquis Félipe. — Une personne admirable, je vous jure.

— Eh bien! messieurs, fit Séraphin en emplissant les verres, — buvons à la belle comtesse de Puyrassieux et à son amoureux et craintif époux.

Et les jeunes gens vidèrent leurs verres en répétant le toast.

— Messieurs, dit Tristan, voulez-vous me permettre de faire dresser un couvert de supplément? J'attends ici un de mes amis qui fut de son vivant un charmant jeune homme.

— Comment, de son vivant?

— Que voulez-vous dire?

— Je veux dire que mon ami est mort.

— Mort! exclamèrent en chœur les trois jeunes gens; la bonne plaisanterie!

— Mort et enterré, messieurs, dit Tristan.

— Comme Marlborough.

— Absolument.

— Ah çà! mais que signifie cela? — vous êtes hiéroglyphique comme les inscriptions louqsoriennes, ce soir, mon cher Tristan, dit Lazare.

— Ecoutez, messieurs, je puis vous conter l'aventure, qui est assez curieuse, et qui vous intéressera d'autant plus que vous allez voir le héros tout à l'heure. — C'est mon jeune ami Ulric Remfeld que j'attends ici.

— Une histoire, c'est charmant: contez, dirent les jeunes gens.

— En ce temps-là, il y a environ six mois, mon jeune ami tomba subitement et follement amoureux d'une jeune fille étrangère qu'il avait rencontrée dans un salon diplomatique, où elle accompagnait un de ses parents. Cette créature était, comme disent les ballades romantiques, un véritable démon de beauté et coquette comme une Parisienne : mon jeune ami, bien que ses intentions fussent on ne peut pas plus pures, se vit tour à tour accueilli, repoussé, préféré à celui-ci, puis délaissé pour celui-là; enfin, désespéré par ses cruautés, Ulric songea à mourir. — Il eut avec celle qu'il aimait une entrevue dans laquelle il lui annonça le suprême et funeste dessein qu'il avait conçu, et, le croiriez-vous? celle-ci l'encouragea presque dans ses projets désespérés. Ulric se résolut donc à mourir et passa en Angleterre pour mettre à fin ses jours.

— Pourquoi en Angleterre? demanda un des convives.

— Parce que c'est la patrie du spleen, et que mon ami espérait qu'une fois atteint de cette maladie, il n'oserait plus hésiter au bord de sa résolution. Ulric passa donc la Manche, et après avoir demeuré à Londres quelques jours, il alla habiter dans un petit village du comté de Sussex. Là, il recueillit ses souvenirs, il passa en revue tous ses jours passés, toutes ses heures de soleil et d'ombre, il se répéta qu'il n'avait plus rien à faire dans la vie, puisqu'il n'était pas aimé, et, après avoir mis ses affaires en ordre, il prit un pistolet et s'aventura dans la campagne, il chercha longtemps un endroit convenable pour rendre son âme à Dieu. Au bout d'une heure de marche il trouva un lieu qui réalisait parfaitement la mise en scène dramatiquement exigée pour un suicide. Il tira alors de sa poche son pistolet qu'il arma résolûment et dont il appuya le canon glacé sur son front brûlant. Il avait déjà le doigt appuyé sur la détente et s'apprêtait à la lâcher quand il s'aperçut qu'il n'était pas seul, et qu'il avait à dix pas de lui un compagnon qui était dans les mêmes intentions que lui-même et qui s'apprêtait également à passer dans l'autre monde.

Ulric marcha vers ce malheureux, qui avait déjà le col passé dans le nœud coulant d'une corde attachée à un arbre.

— Que faites-vous là? lui demanda Ulric.

— Vous le voyez, répondit l'autre, je vais me pendre ; seriez-vous assez bon pour m'aider? je crains de me manquer tout seul, n'ayant pas ici toutes les commodités nécessaires.

— Que désirez-vous de moi, et en quoi puis-je vous être utile, monsieur? demanda Ulric.

— Je vous serai infiniment obligé, répondit l'autre, si vous vouliez me tirer de dessous les pieds ce tronc d'arbre que je n'aurai peut-être pas la force de faire rouler loin de moi quand je serai suspendu en l'air, et, pour grâce suprême, je vous prierai aussi de vouloir bien ne point quitter ces lieux avant d'être bien sûr que l'opération a complétement réussi.

Ulric regarda avec étonnement celui qui

lui parlait aussi tranquillement au moment de mourir. C'était un jeune homme qui paraissait avoir vingt ans à peine, et dont les traits, le costume, le langage attestaient un homme d'une classe distinguée.

— Pardon, monsieur, lui demanda Ulric, je suis entièrement à vos ordres, prêt à vous rendre les petits services que vous réclamez de moi; mais pourrais-je savoir le motif qui vous détermine à mourir si jeune? Serait-ce un chagrin d'amour?

— Oh! non, dit l'Anglais, je ne suis pas amoureux.

— Une perte de fortune?

— Oh! non, je suis millionnaire.

— Peut-être quelques espérances d'ambition détruites?

— Je ne suis pas ambitieux.

— Mais alors...

— Voici, monsieur, puisque cette confidence paraît vous intéresser, le motif de ma mort.

— Il y a deux ans, au milieu d'un souper, j'ai parié avec un de mes amis que je mourrais avant lui. La somme engagée est assez considérable pour mériter qu'on s'en occupe. Or, comme la mort n'a pas voulu venir à moi depuis ce temps, si je ne suis pas allé à elle dans une heure, j'aurai perdu mon pari, et je veux le gagner : voilà pourquoi...

Ulric resta stupéfié.

— Maintenant, monsieur, que je vous ai fait ma confidence, je vous rappellerai la promesse que vous m'avez faite tout à l'heure, dit l'Anglais, qui, monté sur le tronc d'arbre, venait de se passer la corde au cou.

— Un instant, monsieur, de grâce... Je n'aurai jamais le courage.

— Eh! monsieur, dit l'autre, pourquoi donc m'avoir interrompu alors? je n'ai pas de temps à perdre si je veux gagner mon pari. Il est minuit moins dix minutes, et à minuit il faut absolument que je sois mort. En disant ces mots, et voyant que l'aide d'Ulric allait lui faire défaut, l'Anglais chassa d'un violent coup de pied le tronc d'arbre qui l'attachait encore à la terre et se trouva suspendu.

L'agonie commença sur-le-champ. Ulric ne put assister de sang-froid à cet horrible spectacle et se sauva dans un champ voisin.

Au bout d'une demi-heure, il revint près de l'arbre changé en gibet, et trouva l'Anglais roide, immobile, parfaitement mort. Cette vue donna à penser à mon jeune ami; il trouva la mort fort laide, et renonça soudainement à lui aller demander la consolation des maux que lui faisait souffrir la vie. Seulement il se trouvait dans une situation fort embarrassée, car il avait écrit la veille à ses parents, à ses amis et à la femme pour laquelle il voulait mourir, qu'il avait mis fin à ses jours, et il considérait comme une lâcheté un retour sur cette résolution. Il s'effrayait du ridicule qui allait rejaillir sur lui quand on apprendrait ce suicide avorté : chose aussi pitoyable à ses yeux qu'un duel sans résultat.

Il en était là de ses hésitations quand il aperçut à terre le portefeuille de l'Anglais pendu. Ulric l'ouvrit avec précaution, et y trouva une foule de papiers, et entre autres un passe-port pris au nom de sir Arthur Sydney. Ces papiers étaient ceux du défunt, et ce nom d'Arthur était également le sien, comme n'eut point de peine à se l'imaginer Ulric ; et voici l'idée qui lui vint à la tête. Il prit son portefeuille qui contenait les papiers attestant de son identité à lui, et les glissa dans le portefeuille du défunt, après en avoir retiré le passe-port et les papiers, qu'il mit dans sa poche.

Grâce à ce stratagème, Ulric passa pour mort. Son suicide fut annoncé par les feuilles anglaises et répété par les journaux français. Ulric assista à son convoi funèbre ; il se vit jeter en terre ; il entendit l'oraison funèbre que prononcèrent sur sa tombe quelques-uns de ses compatriotes, et après s'être rendu lui-même les derniers honneurs, il repassa en France sous le nom de sir Arthur Sydney. Arrivé à Paris, il s'informa tout d'abord de l'effet que sa mort avait produit sur sa bien-aimée, et c'est alors qu'il apprit que celle-ci donnait le jour même sa main à un jeune secrétaire de l'ambassade de France en Espagne.

— Et ce jeune secrétaire pourrait bien être M. le comte de Puyrassieux, n'est-il pas vrai, Tristan ? demanda le vicomte Séraphin.

— Messieurs, je vous demande le secret, fit Tristan.

Au même moment la porte du cabinet s'ouvrit, et un jeune homme se présenta. Sa figure annonçait la plus vive émotion.

— Messieurs, dit Tristan aux autres jeunes gens, voici notre cher défunt, mon ami sir Arthur Sydney, ci-devant Ulric Remfeld.

— Tristan, dit Ulric après avoir salué les convives, il faut que je vous parle.

— Parlez, je n'ai point de secret pour ces messieurs.

— Il faut que je vous parle en particulier, insista Ulric, et il entraîna Tristan à part.

— Mon cher ami, lui dit-il, ne me demandez aucune explication et suivez-moi.

— Où cela ?

— Au bois de Ville-d'Avray.

— Pour quoi faire ?

— Pour me battre.

— Avec qui ?

— Hé ! ne le devinez-vous pas ? avec le comte de Puyrassieux. J'ai compté sur vous pour être mon témoin.

— Mais il vous en faut deux, dit Tristan.

— Priez un de ces messieurs de nous accompagner.

— Lazare, dit Tristan, mon ami a tout à l'heure une rencontre d'honneur ; il me charge de vous prier de vouloir bien lui servir de témoin avec moi.

— Diable! dit Lazare, je suis bien fatigué, et ne me sens guère capable d'entamer les négociations en usage en pareil cas.

— Rassurez-vous, dit Tristan, il n'y a aucune négociation ; on se bat dans une heure, et les témoins n'auront absolument qu'à charger les armes et à mesurer la distance.

— Si cela est ainsi, dit Lazare, je suis aux ordres de votre ami.

— C'est un combat mortel, dit Ulric, qui entrait au même moment. Partons, messieurs.

Et Ulric s'éloigna avec ses deux témoins, qui montèrent avec lui dans la voiture que Tristan avait laissée à la porte.

— Vicomte Séraphin, dit Antony de Sylvers à son ami quand ils furent seuls, j'imagine que M. de Puyrassieux est un homme mort, car je présume que c'est avec lui que va se battre l'ami de Tristan.

— Eh bien? dit Séraphin.

— Eh bien, le comte mort, la comtesse est veuve; on la dit fort belle.

— Où voulez-vous en venir?

— Demandons des cartes, et jouons à qui de nous deux lui fera la cour.

Deux jours après leur mariage, le comte et la comtesse de Puyrassieux quittaient Paris pour faire un voyage à l'étranger. Des bruits singuliers circulaient dans le monde à propos de ce départ qui n'avait pas été annoncé, et quelques personnes, indiscrètes chercheuses du pourquoi de tous les événements, petits ou grands, faisaient à voix basse, espérant le faire répéter à voix haute, des rapprochements très-bizarres entre ce voyage improvisé et quelques nouvelles diverses publiées dans les journaux. Voici quelques-uns de ces faits-Paris à l'aide desquels les curieux pensaient avoir pénétré les secrets du mystérieux départ des nouveaux époux :

« Avant-hier matin, les gardes du bois de Ville-d'Avray, ayant entendu non loin des étangs une double détonation qui indiquait assez un duel, sont arrivés sur le lieu du combat assez tôt pour opérer l'arrestation des témoins, mais trop tard pour trouver l'adversaire vainqueur, qui avait pris la fuite depuis cinq minutes. La victime de cette rencontre funeste est un jeune Anglais arrivé à Paris depuis peu de jours, ainsi que l'indiquait son passe-port. Il a été conduit à Versailles dans un état désespéré. Les témoins ont déclaré ne pas connaître le nom de son adversaire qui les avait rencontrés par hasard, et les avait priés de l'assister dans ce combat. Les deux témoins, qui appartiennent à la classe distinguée de la société, ont été mis en liberté sous caution. Le jeune Anglais est mort dans la soirée des suites de sa blessure. Une enquête est, dit-on, commencée au parquet de Versailles. »

. . . .

Un autre journal judiciaire publiait le soir même la nouvelle suivante :

« Dans la nuit de jeudi à vendredi, un événement grave a mis en émoi le tranquille quartier du faubourg du Roule. A la suite d'un bal donné à l'hôtel du marquis Félipe à l'occasion du mariage d'une de ses parentes, un malfaiteur s'est introduit dans le parc de l'hôtel, et les armes qu'il portait sur lui ne laissent aucun doute sur ses intentions. Aperçu de loin par un domestique qui a l'habitude de faire une ronde tous les soirs dans le jardin, cet individu a voulu prendre la fuite, et comme il cherchait à se défendre en faisant usage des armes qu'il avait sur lui, un coup de feu tiré par le gardien l'a renversé à terre gravement blessé. Conduit au poste voisin et de là à l'hôpital Beaujon, les sœurs de l'hospice le reconnurent pour être le nommé Enrique Mendez. — Il paraît qu'entré depuis un mois à Beaujon, il en était sorti le matin même accompagné d'une femme que la supérieure de la communauté a déclaré être une religieuse espagnole. Cette femme était venue le matin parler au malade, et, à la suite de cette conversation, malgré son état encore alarmant, l'Espagnol Enrique Mendez aurait voulu sortir de l'hospice malgré toutes les représentations qui lui avaient été faites. Interrogé sur les motifs qui l'avaient amené nuitamment dans le jardin de l'hôtel du marquis Félipe, le blessé a gardé le silence. — Son état est désespéré.

» Au moment de mettre sous presse, nous apprenons que la religieuse espagnole, qui s'appelle Béatrix, a été arrêtée d'après les renseignements donnés par la supérieure de la communauté de l'hospice Beaujon. — Conduite devant Enrique Mendez au moment où il commençait à entrer dans l'agonie, cette femme a poussé des cris affreux, et se roulait par terre en prononçant des paroles de malédiction. Cette malheureuse femme est tombée bientôt dans un accès de folie, et comme le marquis Félipe arrivait dans la salle pour reconnaître celui qui avait pénétré chez lui la nuit, la religieuse s'est élancée sur lui avec des cris de rage. — Après avoir dressé procès-verbal de tous ces événements, la malheureuse folle a été conduite à la Salpêtrière. Le jeune Espagnol est mort dans la nuit. Le marquis Félipe l'avait reconnu pour avoir fait autrefois partie de l'armée de Don Carlos. »

Le lendemain, un autre journal judiciaire publiait les lignes suivantes :

« L'affaire du duel de Ville-d'Avray se continue au parquet de Versailles, et quelques éclaircissements ont été donnés à propos de cette fâcheuse rencontre qui vient de se compliquer d'un détail singulier. Il paraît que la victime ne portait point le nom que ses témoins lui avaient donné dans leur déclaration ; un des parents de sir Arthur Sydney, ayant entendu parler par les journaux de la mort de ce jeune homme, ne l'a point reconnu pour appartenir à sa famille, — bien que les papiers qu'il portait sur lui indiquassent ce nom. — On assure aussi que le meurtrier a écrit depuis à ses témoins, et leur a permis, pour décharger leur responsabilité, de donner son nom à la justice. Cette rencontre a, dit-on, été motivée par des propos injurieux qui auraient été tenus sur le compte d'une jeune femme appartenant à une grande famille espagnole et dont le mariage avait eu lieu la veille même. — On ajoute que cette rencontre se rattache aux événements qui se sont passés il y a quelques jours dans la rue de Courcelles. — La justice continue à informer. »

Quinze jours après l'apparition de ces articles qui firent naître un grand nombre de commentaires, voici la scène qui se passait chez le vicomte Séraphin, qui, cette nuit-là, donnait à jouer. Au milieu des mille anecdotes qui forment la chronique scandaleuse de Paris, on en vint à parler du mariage du comte de Puyrassieux avec dona Maria de Valdès, et quelqu'un demandait encore la cause du brusque départ des époux.

— Ce départ n'a rien d'étrange, reprit Tristan, les nouveaux mariés étaient très-amoureux l'un de l'autre, ils ont voulu fuir le monde, pour passer et prolonger leur lune de miel dans une poétique solitude, et ils ont fait le voyage d'Italie. On les dit maintenant établis dans une ville située sur les bords du lac de Côme.

— Comment! vous en êtes encore là, mon cher Tristan? dit un jeune diplomate, — eh bien! permettez-moi de vous le dire, vous êtes bien en retard. Ce n'est aucunement pour aller chercher en Italie les douceurs de la lune de miel que le comte est parti en emmenant sa femme avec lui, — c'est pour éviter les poursuites dont il avait été l'objet à cause d'un duel qui a eu lieu le lendemain même de son mariage. — Vous savez bien le duel de Ville-d'Avray — dont les journaux ont parlé? c'est le comte de Puyrassieux qui a tué ce jeune Anglais sir Arthur Sydney, lequel Anglais, par parenthèse, se trouvait être un jeune Allemand nommé M. Ulric Remfeld, ainsi qu'on l'a appris depuis dans l'enquête qui a eu lieu à propos de cette affaire.

— Que dites-vous donc là, mon cher? fit un journaliste, qui se trouvait présent, au chroniqueur indiscret; prétendez-vous pas conter quelque chose de nouveau à M. Tristan?

— Mais, dit le jeune homme, je vous assure que ce que je disais là est presque inédit. J'ai appris ces détails par un de mes amis qui a des affinités avec le parquet de Versailles, et je vous assure qu'il est digne de créance?

— Mais, dites-moi, M. Tristan, est-ce qu'en vérité vous connaissez le mot de l'énigme?

— Je savais que c'était M. de Puyrassieux qui s'était battu en duel avec un jeune étranger, et je présumais que cet événement avait pu jusqu'à un certain point causer le départ du comte et celui de sa femme.

— Écoutez, Tristan, dit le journaliste, vous pouvez être indiscret jusqu'au bout, et nous dire les motifs du duel de M. de Puyrassieux avec Ulric Remfeld, puisque vous étiez le témoin de ce dernier.

— Je vous affirme que j'ignore absolument le motif de cette rencontre, et M. Lazare de Chabannes, qui était le second témoin d'Ulric, est absolument dans le même cas que moi. M. Remfeld est venu nous prendre de grand matin, et nous a priés de l'accompagner à Ville-d'Avray, où il devait se battre. — Il n'y avait aucun arrangement à prendre ; — on devait se battre sur-le-champ. On s'est battu : M. Remfeld a été blessé à mort, et, en tombant, il nous a priés, moi et Lazare, de vouloir bien favoriser la fuite de son adversaire et de ses témoins : ce qui a été fait, car M. de Puyrassieux était déjà loin quand les gardes forestiers sont accourus pour nous arrêter. Voilà tout ce que je sais à ce propos, ajouta Tristan avec le ton de la plus parfaite ignorance, et si vous en savez davantage, vous m'obligerez de m'en instruire, mon cher publiciste.

— Et, dit celui-ci, vous êtes aussi dans l'ignorance de certain réfugié espagnol, nommé Enrique Mendez qui, pendant la nuit de noces de

M. de Puyrassieux, s'était introduit dans le jardin de l'hôtel, où, pris pour un voleur par l'un des domestiques du comte, il a été blessé d'un coup de feu; car on a brûlé beaucoup de poudre à propos du mariage de M. de Puyrassieux?

— J'ignorais cela, dit Tristan.

— Eh bien! messieurs, ce soi-disant voleur, cet Enrique Mendez était tout simplement un amant comme le jeune Remfeld. Et maintenant, vous savez le motif du duel de M. de Puyrassieux, et vous devinez la cause de son départ précipité. Grâce à des protections, toute l'affaire a été étouffée, et on a laissé M. de Puyrassieux partir pour l'Italie, d'où il ne reviendra probablement pas de sitôt.

— Ah çà! mon cher ami, si tout ce que vous dites là est vrai, — et qu'on donne quelque publicité à ces détails, — voilà madame de Puyrassieux très-compromise dans l'opinion. — Comment! deux hommes sous son balcon la nuit de son mariage! Oh! ces Espagnoles!

— Une Française aurait au moins attendu au lendemain, dit quelqu'un.

— Oui, reprit le journaliste, — mais une Française n'aurait jamais machiné avec autant de calme, de sang-froid, d'innocence et de barbarie le drame dont je vais vous donner le scénario, et qu'on pourrait au besoin appeler : Dona Sirène, — ou les Dangers de la superstition. Et ce que je vais vous dire est de l'histoire, messieurs, c'est la vérité vraie, je la tiens d'une personne qui a été la confidente de madame de Puyrassieux, et qui connaît les détails de l'aventure.

— Quelle est cette confidente? demandèrent quelques voix.

— C'est la reine de ma pensée, messieurs, — la belle Inès, que vous applaudirez prochainement à l'Opéra, où elle vient d'entrer.

— L'histoire, l'histoire. Voici : Il y avait une fois dans le beau pays des Espagnes une jeune orpheline appelée Maria, qui avait, à la mort de ses parents, été confiée à son parrain, un grand d'Espagne. Placée dans un couvent de Madrid, cette jeune fille eut le malheur de s'attacher à une des religieuses, qui pratiquait les œuvres du démon, et dont le bréviaire sentait le soufre comme un manuel de sorcellerie. Cette créature, qui s'appelait Béatrix, abusa de l'ascendant qu'elle avait su prendre sur l'esprit de la jeune Maria, et elle ne tarda pas à la rendre accessible à la plus absurde superstition. Elle lui persuada qu'elle ne serait jamais heureuse en mariage, avant que deux hommes fussent morts pour elle.

— Oh! oh! ceci est du moyen âge, hasarda un incrédule.

— Je dis ce qui est... Cette prophétie n'inquiéta point d'abord la jeune Maria, qui songeait alors à prononcer des vœux. Mais quelque temps après, son parrain la fit sortir du couvent et la présenta dans le monde. Elle rencontra un jeune Français, le comte de Puyrassieux, dont elle s'éprit ardemment. — Et elle se ressouvint de la prédiction faite par Béatrix. Elle alla revoir cette créature, qui lui renouvela ce qu'elle avait déjà dit, et c'est alors que dona Maria devint dona Sirène. Elle feignit de ne plus s'occuper du comte de Puyrassieux et entra en coquetterie avec un jeune officier de l'armée, à qui, on ne sait comment, elle conseilla de passer dans l'armée de don Carlos. Et il arriva que le pauvre Enrique n'échappa à la peine capitale, qui frappe les déserteurs, que pour tomber blessé sous l'épée du comte de Puyrassieux qui le soupçonnait son rival. Enrique Mendez passa pour mort.

A cette époque, le marquis Félipe amena sa filleule à Paris, où le mariage devait se conclure. Mais dona Maria s'opposa à sa conclusion immédiate. Abandonnée à une grande liberté, elle ébaucha une nouvelle intrigue avec un jeune Allemand qu'elle avait rencontré à l'ambassade d'Autriche. Et elle désespéra tellement ce pauvre et faible jeune homme, qu'il alla se pendre en Angleterre. Une fois que sa mort fut connue, dona Maria annonça à son parrain qu'elle était prête à épouser le comte de Puyrassieux, et le mariage eut lieu. Mais le soir même de ce mariage, dona Sirène reçut deux lettres signées des deux jeunes gens qu'elle croyait morts pour elle et qui vivaient tous les deux. — Les deux lettres demandaient des rendez-vous, les deux jeunes gens voulaient seulement, disaient-ils, voir une dernière fois celle-là pour qui ils avaient failli mourir, et les rendez-vous furent accordés; mais au moment où la comtesse de Puyrassieux allait se rendre dans le parc avec sa camériste, elles trouvèrent toutes les portes fermées, et force leur fut de rester dans la chambre.

Le marquis Félipe avait été prévenu par une amie de sa filleule avec qui celle-ci était en correspondance. On instruisait le marquis de la superstition dans laquelle vivait sa filleule, et il avait été averti également de la présence de ces jeunes gens. Le marquis montra cette lettre au comte de Puyrassieux. — Ils se regardèrent sans mot dire, ayant tous deux une même pensée.

Une demi-heure après, Enrique Mendez... tombait sous la balle d'un domestique zélé qui le prenait pour un voleur.

Le lendemain Ulric Remfeld tombait sous l'épée du comte de Puyrassieux. Voilà l'histoire.

— Et la vieille Béatrix, qu'est-elle devenue ?

— Elle est devenue folle de joie en voyant que sa vengeance, si péniblement et si longuement tramée, avait enfin réussi.

— Quelle vengeance ?

— Béatrix avait, toute jeune, été séduite par le marquis Félipe. Puis, délaissée pour une actrice du théâtre *del Principe* et une grande dame allemande, Béatrix jura de se venger : et elle se vengea en effet, en faisant tuer Enrique Mendez et Ulric Remfeld par ordre du marquis Félipe, et en lui apprenant après que ces jeunes gens étaient les fils qu'il avait eus avec ses anciennes rivales, l'actrice espagnole et la grande dame allemande.

— Et le marquis?

— Il s'est fait trappiste.

— Allons, messieurs, dit le vicomte Séraphin, assez d'histoires, et remettons-nous au jeu. Je reprends ma banque? — Il y a dix louis.

— Banco! dit Inès, qui entra subitement.

1847.

LE MAT DE COCAGNE

— Boum! boum! zing! zing! boum!... Suivez!... suivez la foule!... Prrrrennez vos billets!... Deux sous! deux sous par personne! un sou les enfants et messieurs les militaires!... Entrez! c'est le vrai moment!... l'on va commencer!... Boum! boum! zing! zing!...

C'est ainsi qu'un bateleur, monté sur ses tréteaux, étourdissait ses auditeurs par une infernale musique, et les invitait à jouir du spectacle qu'il faisait voir dans l'intérieur de son théâtre, ainsi qu'il appelait pompeusement une baraque de quelques dix pieds carrés établie aux Champs-Élysées, un jour de fête publique.

La foule des badauds, séduite par la brillante improvisation du saltimbanque qui annonçait, entre autres merveilles, posséder la statue d'Abd-el-Kader, faite par lui-même, la foule se pressait aux bureaux.

— Est-ce que tu voudrais voir ça, bambin? dit un gros garçon portant l'uniforme des mousses de la marine royale à un enfant plus jeune que lui, qui ne quittait pas des yeux l'immense tableau où le directeur du théâtre en plein vent avait fait peindre ce qu'il montrait dans l'intérieur de sa tente.

— Dame! oui : ça doit être beau; il y a des serpents à sonnettes.

— Ah! ouiche! connu! des méchantes couleuvres que ça n'a pas pour deux liards de méchanceté, à preuve qu'on les apprivoise. Mon capitaine en avait une qui pinçait de la flûte dix fois mieux que ce bobêche qui a une queue rouge, et elle jouait aux dominos comme toi et moi. Si bien qu'un soir elle a gagné un verre de rhum à mon lieutenant, et que le timonier, qui avait parié pour elle, a perdu un écu avec le maître calfat, qui ouvrait des yeux grands comme des écoutilles.

— *Craqueur!* dit un voisin en entendant le jeune mousse débiter ces audacieux mensonges.

— C'est-y vous, bourgeois, qui me *tuteyez*, dites donc? Savez-vous que si nous étions tant seulement à bord de *la Dryade*, il y a un quart d'heure que je vous aurais envoyé rallumer ma pipe qu'est tombée l'autre jour dans la gueule d'un requin.

Le voisin du jeune mousse, voyant son air déterminé et mauvaise tête, se contenta de hausser les épaules et ne répondit pas.

Cependant l'enfant, qui tenait singulièrement à entrer dans la baraque, tourmenta tellement son compagnon le marin, que celui-ci se décida à contenter son désir. En passant devant les tréteaux, Jean Luc, c'est le nom du mousse, tendit le bras vers un des bateleurs qui offrait, à ceux qui en voulaient prendre, des fleurets et des sabres de bois, car il y avait aussi un assaut d'armes offert par le professeur des fils de l'empereur de Kamchatka.

— Qu'est-ce que vous voulez, jeune homme? dit le préposé aux armes à Jean Luc.

— Une aiguille et une de tes lattes, Pierrot! dit le mousse, en désignant une épée de bois et un fleuret.

— Est-ce que vous plaisantez? dit l'homme.

— Nom d'un requin! Veux-tu me servir, ou si je monte là-haut, je te ratisse les épaules avec ton arsenal.

— Au fait, dit l'acrobate, ça vous regarde; voilà des armes.

Une fois entré dans la baraque, notre ami Jean, quoiqu'il fût le dernier arrivé, voulut prendre la meilleure place, ce qui faillit lui attirer de violentes bourrades. Néanmoins il se tint en repos pour jouir du spectacle.

On commença par une danse de corde, avec et sans balancier. Et comme le directeur voulait faire admirer l'habileté de ses artistes, Jean Luc l'interrompit en criant :

— Ah ben ! y sont forts vos *artisses !*

— Faites-en donc autant, vous qui parlez.

— Voilà, bourgeois ! et Jean, leste comme un écureuil, habitué du reste à courir dans les cordages des vaisseaux, fit mille prouesses sur le gros câble tendu au milieu de la tente, ce qui lui valut les bravos des spectateurs. Stupéfait de ce qu'il venait de voir, le saltimbanque attira Jean dans un coin.

— Jeune homme, lui dit-il, vous avez les plus grandes dispositions pour devenir célèbre : un jarret de fer et une habileté de singe. Si vous voulez vous engager dans ma troupe, je vous offre ma considération, des émoluments *conséquentes*, du rôti deux fois par jour et une garde-robe complète.

Jean Luc mit crânement son chapeau sur le

coin de l'oreille, et répondit : — Mon vieux bonhomme, les marins de l'escadre du Levant ne sont pas du bois dont on fait les polichinelles ; quant à ta considération et à tes appointements *conséquentes*, je m'en moque comme d'une chique. Et, si j'avais ton rôti et ta garde-robe, eh bien ! je mettrais l'un dans l'autre, car je parie bien que la volaille que vous mangez ici a plus souvent des pelures que des plumes ; et le facétieux marin désignait des bottes de légumes oubliées dans un coin de la baraque ; maintenant, continua-t-il en s'adressant à son interlocuteur, faites-moi l'amitié d'aller *voguer* à vos affaires et laissez-moi à mes plaisirs... et Jean retourna à sa place.

— Nous allons passer à d'autres exercices, dit le bateleur ; M. Cocrousminska, professeur d'escrime de S. A. le prince royal de Kamchatka, va avoir l'honneur de faire des armes avec ceux qui voudront bien se présenter.

Le susdit professeur s'avança, en effet, et salua la société en poussant une espèce de hurlement.

— Pardon, Messieurs, dit le maître de l'établissement, Monsieur vous adresse ses salutations dans sa langue nationale, car il n'est que depuis peu en France et il ignore notre langage. S'il y a des personnes qui connaissent l'idiome du Kamchatka, M. Cocrousminska se fera un véritable plaisir de converser avec elles.

— Comme ça se trouve! dit Jean Luc; j'ai touché à cette presqu'île il y a un an, et j'en connais un peu le patois. Nous allons jaboter un instant avec l'Iroquois. Et le malicieux mousse adressa *à la Première Lame du Nord*, quelques paroles baroques : l'habitant du pôle y répondit par son éternel hurlement.

— Est-ce qu'il vous comprend? dirent à Jean Luc plusieurs personnes.

— Ah! ouiche! il ne connaît que la langue des ours de son pays. Car vous saurez qu'il y a autant d'ours que d'hommes dans ces parages là, à preuve que j'en ai tué trois d'un coup de fusil ! et que je m'ai fait des chemises avec la peau, que c'est chaud comme un poêle. Maintenant, l'Iroquois, à nous deux !

Et les deux adversaires se mirent en garde.

Jean Luc, qui avait quelques notions d'escrime, s'aperçut bientôt que le professeur était aussi ignorant dans cet art que dans les langues du Nord, et il touchait son adversaire à toutes les passes. Enfin, il voulut en finir, profitant donc d'un instant où M. Cocrousminska se tenait à découvert, il lui fit sauter son fleuret des mains.

Un immense éclat de rire accueillit la déconfiture du tireur célèbre, qui venait de se compliquer d'un burlesque événement : c'est-à-dire que notre ami Jean, en désarmant son adversaire, avait maladroitement engagé son fleuret moucheté dans la longue barbe du professeur et la lui avait arrachée, si bien que chacun avait reconnu dans M. Cocrousminska, le pierrot qui jouait de la flûte à la parade.

— Bon, dit Jean en éclatant de rire, j'ai fait d'une pierre deux coups, je vous économise trois sous, mon brave homme, vous n'aurez pas besoin de vous faire raser.

— Cré coquin ! dit Pierrot en voyant sa fausse barbe au bout du fleuret de Jean.

— Oh ! bon, et de trois ; il parle français maintenant.

Cependant, le public commençait à murmurer et disait que l'on se moquait de lui. Le maître des saltimbanques annonça donc, pour calmer l'orage, qu'il allait faire voir la statue d'Abd-el-Kader, sculptée par lui-même dans ses moments de liberté ; il fit un signe à l'un de ses compagnons, et celui-ci levant un vieux rideau en loques, l'émir arabe apparut aux regards du public. Cette statue était tout simplement un mannequin grotesquement accoutré d'un burnous de calicot ; son visage était peint en jaune et il montrait de grandes dents blanches ; à son côté pendait un énorme sabre de cavalerie, et un tuyau de pipe en élastique serpentait autour de son corps.

Plusieurs personnes s'extasiaient sur la beauté du costume et trouvaient au guerrier africain un air extrêmement farouche ; bref, chacun manifestait son opinion, soit comme critique, soit comme admirateur, lorsque Jean Luc vint encore changer la face des choses.

— Ah ça ! tas de jobards ! dit-il à ses voisins, vous ne voyez donc pas qu'on se moque de vous, et qu'on vous vole votre argent ?

— Jeune homme, dit un des bateleurs, si vous ne vous trouvez pas content, vous pouvez vous en aller, sinon taisez-vous, ou je vous ferai sortir de force.

— Toi, monsieur l'arlequin ! fais-moi l'amitié de me laisser tranquille, car si tu me manques de respect encore une fois...Enfin suffit !

Et Jean se retourna du côté des spectateurs.

— Je demande pardon à l'honorable société, dit-il, si je l'ai interrompue dans ses jouissances, mais je ne peux pas souffrir qu'on trompe les honnêtes gens ; or, le pantin qu'est là, habillé de blanc, avec un méchant *coupe-choux* n'a jamais ressemblé à Abd-el-Kader, et j'en suis sûr, attendu que je l'ai vu, moi... Abd-el-Kader !

— Toi... menteur ! s'écria encore une fois le bateleur.

— Jeune homme, dit Jean Luc furieux, vous allez vous faire bosseler le nez... oui, je l'ai vu, et faut pas que ça vous étonne encore, et même j'ai manqué de le faire prisonnier, ce qui m'aurait valu une fameuse ration ; mais comme il avait toujours son état-major avec lui, il s'en est suivi qu'au lieu de le prendre, c'est moi que j'ai été pris. Maintenant, l'honorable société me croira peut-être, si je lui donne des renseignements positifs à l'égard de cet Africain féroce et mal élevé.

Jean, qui avait en effet été en Afrique, parlait d'ailleurs d'un ton si assuré qu'on se prit à l'écouter, sinon avec crédulité, du moins avec plaisir.

— Et d'abord, continua Jean d'un ton doctoral, en supposant qu'on lui prêtait quelque attention, comment Abd-el-Kader se serait-y fait tirer sa ressemblance puisque n'y a pas d'artistes dans le pays.

— Mais, jeune homme, reprit le maître bateleur furieux, puisqu'on vous le dit que c'est lui-même qui s'est fait son portrait dans ses moments perdus.

— Allons donc, farceur! est-ce qu'il a du temps à perdre, je le sais bien, moi qui ai t'été son prisonnier pendant deux mois; et ça me rappelle une aventure qui va prouver à tout le monde que vous voulez nous en imposer avec votre mannequin.

— Contez, dirent à Jean quelques personnes.

Le saltimbanque aurait volontiers donné la moitié de sa recette pour pouvoir mettre à la porte le fâcheux critique qui lui faisait tant de tort dans l'esprit de son public. Mais comme il comptait sur le dernier tableau de son spectacle pour ramener à lui la faveur des assistants, il prit le parti de laisser parler Jean.

— Messieurs et Mesdames, dit celui-ci, comme je vous l'ai dit, le gueux, dont vous avez la soi-disant image devant les yeux, avait abusé de sa force pour me faire prisonnier, et il y avait longtemps que je dépérissais dans ses chaînes, quand un matin il me fit appeler. Une espèce de moricaud qui était à son service pour soigner son cheval, fourbir son sabre et lui bourrer sa pipe, avait été tué par les Français, et Abd-el-Kader me proposa de le remplacer, se réservant, en cas de refus, de me faire trancher la tête. Cette proposition me fut faite par un infâme déserteur qui servait d'interprète à l'Arabe.

Je réfléchis un instant, et j'acceptai l'emploi de groom, me promettant d'en tirer parti pour me venger. J'entrai donc au service de l'émir, et je sus mériter sa confiance à tel point, qu'ayant appris que j'avais été marin, il me proposa d'être amiral en chef de toutes ses flottes ; mais comme il n'avait pas seulement une méchante chaloupe, je refusai, en lui faisant comprendre que je ne pouvais pas porter les armes contre ma patrie,

— Eh bien! dit le bateleur, qu'est-ce ça prouve ça ?

— Ça prouve que votre pantin ne ressemble pas, *Mossieu*, et vous allez le voir.

Après mon refus, je conservai donc mes fonctions de...

— Domestique... dit le saltimbanque, enchanté de dire une méchanceté à Jean, qu'il considérait comme son ennemi mortel.

— Mes fonctions de *chambellan*, s'il vous plaît, reprit Jean; mais comme je m'ennuyais infiniment, je voulus en finir, si bien qu'un jour, j'arrêtai dans mon esprit qu'*Abd-el-Kader* ne verrait pas le soleil du lendemain. Et Jean s'arrêta un instant pour laisser le temps à sa narration de produire son effet.

— Mon patron, reprit-il, avait l'habitude de fumer tous les soirs une énorme pipe, dont le tuyau lui faisait dix-sept fois le tour du corps.

Le bateleur prit une baguette, et indiquant le tuyau de pipe roulé autour de son mannequin, il s'écria :

— Voilà, messieurs et mesdames.

— Oui, dit Jean, seulement celui-ci est en élastique tandis que l'autre était fait avec la peau d'un serpent de mer; or donc, quand je vis arriver l'heure où le farouche Africain allait me demander son *houka* ou sa pipe, comme vous voudrez, au lieu de la bourrer avec du tabac du Levant, je mis tout simplement... devinez?...

— De la poussière dit quelqu'un?

— Du foin?

— Non, reprit triomphalement Jean Luc, je voulais me venger, non pas en gamin, mais en homme; et ma vengeance devait être utile à mon pays.

— Expliquez-vous donc, dirent les assistants.

— Eh bien! vous ne devinez pas... je bourrai la pipe de mon bourreau avec deux cartouches et une grenade, je remis un peu de tabac par-dessus, et j'allai me cacher sous le ventre d'un chameau pour attendre l'effet. Le soir, *Abd-el-Kader* entra dans sa tente et m'appela, je ne répondis pas ; me croyant occupé ailleurs, il pria le déserteur qui lui servait d'interprète quelquefois de vouloir bien lui allumer sa pipe : celui-ci prit un charbon allumé dans un foyer où l'on préparait la cuisine, et il le posa sur la pipe. *Abd-el-Kader* aspira une bouffée, mais, patatras! voilà la pipe qui éclate, la grenade qui sort et casse la tête au déserteur. Quant à *Abd-el-Kader*, il en fut quitte pour cinq dents. Or, messieurs, comme le mannequin qui est là, nous montre au contraire toutes les siennes, même qu'on dirait qu'il veut nous dévorer, vous voyez bien que ça ne peut pas être le portrait de l'émir.

Nous avons laissé Jean Luc pérorant au milieu des spectateurs du théâtre forain, et essayant de leur *prouver* comme quoi l'on se moquait d'eux. Et en effet, soit que le bavardage de l'effronté Jean Luc eût modifié l'opinion du public, ou soit que les assistants ne fussent naturelment pas satisfaits, toujours est-il que l'assemblée commençait à murmurer d'une manière inquiétante ; et quelques personnes se disposaient déjà à sortir, refusant même d'acquitter la modique rétribution, en disant qu'ils ne payaient pas parce qu'ils n'étaient pas contents. Le maître de l'établissement, qui tremblait pour sa recette, voulut donc conjurer l'orage et reconquérir la faveur du public.

— Je dois avertir les personnes que le spectacle n'est pas fini, s'écria le saltimbanque. Je prierai donc l'honorable société d'attendre encore quelques instants avant d'évacuer *la salle*. Je vais avoir l'honneur d'offrir au public un tableau vivant et animé représentant, telle qu'elle a eu lieu, la dernière éruption du mont Vésuve : on y verra ce fameux volcan vomir un fleuve de feu sur les campagnes voisines ; les habitants, surpris au milieu de leur sommeil, fuyant au milieu de la nuit avec leurs femmes et leurs enfants ; la mer en furie ; les éclats de la foudre et les éclairs illuminant cette scène de désolation, rien n'y sera oublié : reprenez vos places, messieurs, mesdames.

Cet appel à la curiosité des assistants réussit bien au bateleur, et chacun reprit sa place pour jouir du merveilleux spectacle auquel il était convié.

Réunis derrière une espèce de petit théâtre, dont l'intérieur était caché au public, tous les saltimbanques étaient dans leur grand coup de feu, et préparaient le spectacle pyrotechnique annoncé. La clarinette et le fifre qui formaient l'orchestre jouèrent chacun un air différent en manière d'ouverture, et le rideau se leva.

— Mais je ne vois rien, dit un gros monsieur dont le nez supportait pourtant une paire de lunettes.

— C'est comme moi, répondit un voisin.

— Ah ça! mais se moque-t-on de nous? Et les murmures recommencèrent de plus belle.

— Pardon, dit un bateleur, on avait oublié de fermer le châssis; et il indiquait une ouverture par laquelle le jour intérieur pénétrait; ce spectacle nécessite l'obscurité pour être mieux vu.

— Tout ça n'est pas bien clair, dit Jean Luc au saltimbanque, qui fermait le châssis de façon à ce qu'une nuit complète régnât dans la tente.

Le fifre et la clarinette recommencèrent leur épouvantable charivari, et les spectateurs s'écarquillèrent les yeux, sans rien plus voir que la première fois.

— Observez bien, messieurs, cette scène magnifique : voyez la lune qui s'élève au-dessus de la ville de Naples; voyez les gondoliers qui rentrent au port avec leurs barques pavoisées.

Les assistants continuaient à ne rien voir, mais ils patientaient, s'attendant à chaque instant à voir paraître ce que le bateleur semblait leur décrire.

Cependant celui-ci ne continuait pas moins à se faire le *cicerone* d'un tableau invisible.

— Remarquez, disait-il, toutes ces lumières qui s'éteignent dans les maisons ; les Napolitains vont s'endormir sans prévoir le désastre qui les menace. Voyez, messieurs, voyez ! voici la mer qui commence à devenir furieuse, le vent qui souffle, renverse tout sur son passage ; observez, dans le coin à gauche, ces deux peupliers qui se brisent.

— Ah ça ! mais c'est une plaisanterie, disait tout le monde, mais nous ne voyons rien ; et des sifflets accueillirent l'explication que le bateleur faisait. Il est inutile de dire qui sifflait le plus fort : on pense bien que c'était Jean Luc.

— De grâce, messieurs, restez encore un instant! Tenez, voyez! voici l'éruption qui commence. Et le saltimbanque, qui ne comprenait pas d'où venait la colère de son public, voulut mettre le feu à l'artifice représentant le mont Vésuve.

Tout le monde s'était retourné, et on aperçut une espèce de lueur qui ne jetait pas plus d'éclat qu'une veilleuse.

L'artifice, mal préparé ou humide peut-être, n'avait fait aucune explosion, et brûlait aussi tranquillement et sans plus de clarté qu'une simple chandelle.

— Allons-nous-en! dit Jean Luc.

— Allons-nous-en! et chacun s'apprêta à sortir.

— De grâce! criait le saltimbanque éperdu, restez un instant.

Une épouvantable volée de sifflets accueillit cette prière.

— Va donc voir ce que cela veut dire, dit le

Pagination incorrecte — date incorrecte
NF Z 43-120-12

LIRE PAGE(S) 134
AU LIEU DE PAGE(S) 413

saltimbanque à un de ses compagnons ; et toi, dit-il à un autre, place-toi à la sortie et force le monde à payer.

— Patron, dit le bateleur qui était passé dans la tente pour voir d'où provenait la colère du public, patron, on ne voit absolument rien là-dedans, il y fait noir comme dans un four ; nous aurons oublié quelque chose.

— Mais quoi ? Ah ! mon Dieu ! c'est vrai.

En effet, le bateleur s'apercevait que, à l'instar de son confrère, le singe de la fable, il avait oublié d'éclairer sa lanterne ; le pauvre homme, dans sa précipitation à satisfaire les assistants, leur expliquait un spectacle qu'ils ne pouvaient voir, et que deux ou trois chandelles allumées derrière le tableau transparent qui représentait le *Vésuve* eussent rendu parfaitement visible.

Au moment où il allait réparer ce fatal oubli, un malheureux événement vint détruire l'espoir que le bateleur conservait encore de faire une recette quelconque. Voici ce que c'était : l'artifice chargé de jouer le rôle du mont Vésuve n'avait fait aucune explosion, et sa mèche fumait tranquillement dans un coin; mais, tel qu'un acteur qui sur la scène a oublié son rôle et qui se ressouvient, le malencontreux pétard parut se ressouvenir qu'il n'était pas là pour fumer comme un tison à demi éteint; aussi, voulant réparer le temps, il éclata au moment où l'on s'y attendait le moins, et d'une telle force, que les spectateurs, qui prenaient le chemin de la porte, se retournèrent, croyant bien cette fois que le spectacle allait commencer.

Ils ne furent pas trompés dans leur attente : on leur avait promis l'éruption du *Vésuve* et un incendie ; rien n'y manquait, car l'artifice en éclatant, mal dirigé sans doute, avait mis le feu aux décors représentant la ville de Naples et ses environs ; les barques des pêcheurs, les maisons, la mer elle-même, tout était en feu, que c'était plaisir à voir ; aussi le public trépignait-il d'aise et criait-il bravo ! tandis que le pauvre directeur s'arrachait les cheveux de désespoir : il était ruiné ! Ce ne fut qu'au bout de quelques instants, et aux cris : *Au feu !* que les assistants s'aperçurent qu'il était bon de quitter la baraque, car les flammes commençaient à l'attaquer. Chacun se retira donc précipitamment et non sans confusion.

Au bout de dix minutes, grâce à de prompts secours, la baraque du saltimbanque était hors de danger, mais son théâtre était brûlé. Le Vésuve avait encore une fois détruit la ville de Naples.

Comme Jean Luc allait quitter le lieu du sinistre, il se sentit retenir par le bras, et s'étant retourné, il se trouva face à face avec le propriétaire du théâtre incendié.

— Eh bien ! lui dit cet homme, vous voyez, jeune homme, les suites de votre plaisanterie.

— Comment ? dit Jean surpris.

— Oui, continua le bateleur, elles sont peut-être une cause du déplorable événement dont je suis la victime. C'est vous qui, par vos critiques, avez indisposé d'abord les spectateurs contre moi; vous avez brouillé tous mes exercices, et voici ce qu'il en résulte; sans votre présence, tout se serait tranquillement passé, je n'aurais pas eu besoin de me presser pour retenir le public que vous excitiez à sortir sans payer, je n'aurais pas perdu la tête comme je l'ai fait, rien n'aurait été oublié dans les préparatifs de ma représentation, et l'événement qui me ruine, moi et ma famille, ne serait pas arrivé. Que ceci, jeune homme, vous serve de leçon, et vous fasse souvenir qu'il n'est pas toujours bon de plaisanter!...

Jean comprit que le bateleur n'avait pas tout à fait tort; aussi le quittait-il, intérieurement fâché d'avoir été peut-être une des causes qui réduisaient au malheur un père de famille.

— Voyez! disait ce pauvre homme en montrant les débris fumants de son théâtre, tout ce que je possédais était là ; ce qui brûle à vos yeux, c'était mon gagne-pain et celui des miens : cette toile en lambeaux, c'était mon toit et celui de ma famille ; voilà dix ans que l'un me nourrissait et que l'autre m'abritait, moi et mes enfants. Maintenant qu'ils sont détruits, pain et asile, où les retrouverai-je ?

— Il n'y a donc pas moyen de réparer tout cela ? dit Jean Luc, qui ne riait plus.

— Eh ! mon Dieu ! comment ? avec quoi ?

En ce moment, une bruyante acclamation qui s'élevait dans le carré Marigny vint interrompre les deux interlocuteurs. Jean retourna la tête et s'aperçut que ces bravos saluaient un homme qui venait d'atteindre le sommet du mât de cocagne, et qui, pour prix de sa pénible ascension, choisissait entre les objets suspendus à la couronne de feuillage qui se balançait au haut du mât. Quand il eut décroché ce qui lui semblait le plus à sa convenance, il se laissa glisser joyeusement le long du cylindre enduit de savon, et il arriva à terre sans accident.

— Attendez-moi, dit Jean Luc au bateleur qui observait aussi la scène du carré Marigny, attendez-moi, je vais tâcher de réparer le mal que j'ai pu causer involontairement ; et il s'élança d'un trait vers l'endroit où s'élevait le mât de cocagne.

— Place, place ! criait-il en écartant la foule.

— Qu'est-ce que vous voulez, jeune homme ? lui dit un garde municipal placé là en surveillance.

— Je veux voir l'heure qu'il est à la montre qu'est là-haut, mon brave.

— Il est un peu tard, garçon, répondit celui qui depuis un instant en était devenu possesseur. Néanmoins, si vous voulez absolument savoir l'heure que marque ma *tocante*, regardez : il est deux heures.

— Eh bien, mon gros, reprit Jean Luc, dans

cinq minutes, si tu veux me payer à dîner, je te promets de te faire manger dans de l'argenterie, car il doit y en avoir là-haut.

— Toujours trop tard, jeune homme, il y a une heure que le couvert est enlevé.

— Quel guignon ! on n'a donc rien laissé aux amis ?

— Si fait, jeune homme, il y a encore là-haut une timbale et une pipe en argent, sans compter la couronne...

— Je me moque pas mal de cette verdure-là, dit Jean dédaigneusement.

— Allez la chercher cette verdure-là, et je vous la paie cinquante francs, moi, reprit le municipal.

— Votre parole d'honneur ?

— Aussi vrai que je meurs de soif !

— Eh bien ! attendez-moi une minute, et si vous payez le liquide, je vous prêterai le gobelet qui est là-haut, ainsi que la *bouffarde* en argent qui lui tient compagnie, si vous fumez toutefois? Et en deux tours de bras Jean avait mis bas sa veste et son gilet.

— Voulez-vous des cendres, lui disait-on, cela vous aidera?

— Je veux *monter*, dit Jean, et satisfait de son méchant jeu de mot, il embrassa le mât de ses deux bras vigoureux, et commença son ascension.

— Vous savez que vous avez le droit de choisir? lui cria le municipal.

— Je choisis tout, mon cher.

— Pas de bêtises, hein! si vous preniez plus d'un objet, vous en seriez pour votre course, je retirerais tout, c'est le règlement.

— C'est bon, on sera sage; et Jean, habitué comme nous l'avons dit aux manœuvres nautiques et aux fatigues du bord, s'élevait aussi rapidement qu'un écureuil. Au bout d'un quart d'heure, il touchait le sol et tenait en main la timbale d'argent. Il se fit verser un verre de vin, et le but d'un seul trait ; puis, s'adressant à un ouvrier maçon mêlé aux curieux :

— Faites-moi l'amitié, lui dit-il, de me donner une pincée de votre tabac à fumer et une allumette.

— Pour quoi faire ?

— Parbleu ! pour étrenner la pipe qu'est là-haut, donc !

— Impossible ! dit le municipal, la même personne ne peut pas monter deux fois.

— C'est bon ! reprit Jean Luc en remettant ses habits et en s'éloignant. Ah ! murmurait-il tous bas, on ne monte pas deux fois ! faudra voir ça !... et il arriva près du saltimbanque, qui tâchait de réparer un peu sa baraque.

— Tenez ! lui dit-il en lui tendant la timbale, vendez ça ; ça vous fera toujours quelques sous pour vivre en attendant. A combien se monte le désastre, à peu près ?

— Mais, à cent cinquante ou deux cents francs.

— Alors, faites voir venir votre pierrot,

qu'il me prête sa casaque rouge et sa perruque.

— Comment? pour quoi faire?

— Vous le saurez tout à l'heure ; appelez toujours.

— Rognolet! Rognolet ! cria le saltimbanque à son bouffon.

Celui-ci vint en courant à la voix de son maître :

— Qu'est-ce qu'il y a, patron ?

— Prête ton costume à monsieur !

— Comment ?

— Tout de suite ! et ne réplique pas !

Le bouffon obéit ; et Jean endossa en une minute l'habit râpé qu'on lui offrait, s'enfonça une perruque en filasse sur la tête, et, méconnaissable en tous points, il retourna vers le mât de cocagne.

— Tiens ! disait-on en le voyant approcher, Pierrot qui veut monter ; et chacun se moquait de lui ; Jean avait bien envie de répondre aux mauvais plaisants, mais il craignait de se faire reconnaître ; et il préféra garder le silence. Déjà un peu fatigué, il s'élevait moins rapidement que la première fois ; mais il atteignit enfin le faîte du mât, enleva la pipe, qui était bien d'une valeur de cinquante francs, et redescendit très-tranquillement. On lui fit des félicitations, et, pour être dans son rôle de paillasse, il fit la grimace à ceux qui le félicitaient ; et, quittant le mât où il avait été deux fois vainqueur, il retourna près du saltimbanque, à qui il offrit encore la pipe.

— Et de deux, lui dit-il, vendez encore ça, et tâchez de me procurer un troisième costume... je me sens disposé à retourner là-bas.

— Et moi je ne le souffrirai pas : ce que vous venez de faire prouve que vous avez un bon cœur et que vous êtes un digne jeune homme ; vous avez réparé le tort que vous avez pu me causer, c'est bien, et ce serait mal de ma part si je vous permettais d'aller courir le danger de vous casser un membre en tombant du mât.

— Ah bah! laissez donc, les mâts ça me connaît. J'ai été créé et mis au monde pour grimper dessus, et je commençais à m'ennuyer de n'en pas trouver à Paris. Il m'en tombe un sous les jambes, je veux rattraper le temps perdu ; sans ça j'oublierais mon état. Dites à votre musicien, qui a un habit jaune serin, de me le prêter; il ne faut pas qu'on me reconnaisse. Si l'on me demande d'où je viens, je dirai que je suis un camarade de Pierrot, et que je veux tenter la fortune comme lui. Je déguiserai ma voix, on me laissera monter, et dans une demi-heure je reviendrai, cinquante francs d'une main, la couronne de l'autre, et ce soir je me coucherai sur mes lauriers. Allons, clarinette, mon ami, passe-moi ta défroque ; et Jean, revêtu des habits grotesques du musicien, était méconnaissable. Pour compléter l'illusion, il avait pris la clarinette des mains de l'artiste forain stupéfait, et pour la troisième fois il s'avançait vers le mât de cocagne, en haut duquel la couronne se balançait majestueusement.

— Tiens! disait-on en voyant arriver Jean, qui soufflait comme un aveugle dans son instrument, au point qu'il faisait à lui seul plus de bruit qu'une troupe de canards à qui l'on aurait tordu le cou. Tiens! qu'est-ce qu'il veut le musicien?

— Municipal, dit Jean en déguisant sa voix, qu'est-ce qui reste là-haut?

— La couronne, qui vaut cinquante francs.

— C'est pas le diable ; risquer sa peau pour si peu!

— C'est plus que tu ne vaux, criait-on à Jean.

— Et ceux qui ne vont qu'à moitié, fit celui-ci avec un air de simplicité bien joué, qu'est-ce qu'on leur donne?

— Eh! rien donc.

— C'est pas juste, puisqu'il y a cinquante francs quand on va en haut, il devrait y avoir vingt-cinq francs pour ceux qui ne vont qu'à moitié.

— Farceur! dit le municipal.

— Dame! c'est vrai. Croyez-vous que c'est flatteur d'aller risquer sa carrière d'artiste pour si peu de chose?... Tenez, municipal, si vous voulez me donner cent francs, je monterai tout de même; j'ai besoin de cette somme pour acheter une clarinette neuve; je donne un concert dans quelques jours, et j'ai besoin d'avoir un bon instrument, celui-ci ne vaut rien... Voyez plutôt; et Jean soufflait comme un bœuf dans sa clarinette.

— Misérable! tu nous fends la tête, dit un des curieux.

— Faites-en autant, vous qui parlez.

— Eh bien! dit le municipal, montez-vous, oui ou non; un autre prendra votre place?

— Dites donc, c'est votre dernier prix cinquante francs?

— Oui, tout au juste.

— Allons, dit Jean en embrassant le pied du mât;

j'achèterai une clarinette d'occasion... Et il commença à monter, feignant d'éprouver de la difficulté, ce qui lui était bien facile, car il était exténué de fatigue.

— Il montera ! criait-on d'un côté.

— Il ne montera pas ! disait-on d'un autre.

Et Jean s'élevait cependant petit à petit ; il fut long, bien long, mais enfin il toucha victorieusement le sommet du mât, en détacha la couronne, se reposa un instant, et se laissant ensuite glisser tout doucement, il toucha le sol sans encombre.

— Donnez-moi la monnaie de ça, municipal ? et il désignait la couronne.

— Voilà cinquante francs ! vous pouvez garder la guirlande.

— Pas de doute que je la garde ; et Jean, empochant les écus, reprit sa clarinette, et s'en retourna triomphalement vers le bateleur.

—Tenez, lui dit-il, voilà encore cinquante francs ; avec ce que vous aurez de la vente des autres objets vous pourrez rebâtir votre comédie ; maintenant, rendez-moi mes habits; payez-moi un verre de *coco*, je meurs de soif, et laissez-moi aller me coucher, car j'en ai furieusement besoin : ça me fait l'effet que je marche sur le ventre.

Le saltimbanque, qui se voyait possesseur de cent cinquante francs à peu près tant en valeur qu'en numéraire, et cela par la générosité de Jean Luc, lui pardonna volontiers le tort que ses plaisanteries avaient pu lui causer, et après l'avoir emmené se rhabiller, il le reconduisit à son hôtel du Port-Saint-Nicolas, où Jean se jeta tout habillé sur son lit.

— Vous me permettrez de venir vous prendre pour déjeuner demain? lui dit le bateleur en le quittant. Avant de vendre la timbale, je veux que nous buvions chacun un bon coup dedans... Vin ou fricot, j'ai idée que c'est meilleur dans de l'argent que dans du fer.

— Ah bah! laissez donc! dit Jean en bâillant; moi qui vous parle, dans un de mes derniers voyages, j'ai dîné à la table de Sa Majesté le roi de *Siam;* on m'y a servi des oiseaux de paradis dans des assiettes de diamants, avec de l'argenterie en or. Eh bien, c'était fade comme tout; il faut dire aussi que le gibier dont je vous parle n'est pas plus gros qu'une noisette, et que je n'avais pas d'appétit; voyez-vous, le fricot n'est bon que lorsqu'il y en a beaucoup et qu'on a bien faim. Et Jean s'endormit comme le saltimbanque le quittait, il ne fit qu'un somme, et la nuit il rêva qu'il était nommé capitaine du vaisseau *le Grand Voltigeur hollandais*, qui, comme chacun le sait, a trois mille lieues de long; si bien que son gaillard d'arrière touche au pôle Sud, tandis que son mât de beaupré est encore engagé dans les glaces du pôle Nord.

L'Age d'or, octobre et novembre 1842.

FRAGMENTS
DU
JOURNAL D'UN ANONYME

Il y a environ une quinzaine de jours, j'étais entré chez un marchand de bric-à-brac pour acheter une paire de flambeaux d'une forme bizarre, qui, depuis un mois, excitaient ma convoitise chaque fois que je m'arrêtais devant la vitrine où ils étaient en montre. Le marché conclu, je donnai mon nom et mon adresse pour que l'on m'envoyât mon acquisition chez moi.—
Comme le marchand venait de lire ce que j'avais

écrit sur son registre, il fit un geste de surprise, et regarda sa femme, qui me considéra avec étonnement. Inquiet de cet examen, j'en demandai la cause.

— Excusez-nous, monsieur, me dit le marchand, mais c'est que nous avons quelque chose à vous remettre. — Une de nos pratiques, qui connaît plusieurs de vos confrères, nous avait promis de nous procurer votre adresse ; — nous ne l'avons pas vu depuis quelques jours.

— Qu'est-ce donc ? demandai-je, étonné à mon tour.

— C'est un petit paquet qui paraît renfermer des papiers, me dit le marchand. — Je l'ai trouvé dans le tiroir d'un secrétaire acheté à la vente du mobilier d'un hôtel garni. — Ma femme est allée vous le chercher.

En effet, la marchande, qui était montée à la chambre, en redescendit presque aussitôt, et me remit un paquet gros à peu près comme un volume in-octavo, enveloppé dans un numéro de journal, et scellé avec de la cire verte, sur laquelle se trouvait, en manière de cachet, l'empreinte d'une pièce de monnaie. Mon nom s'y trouvait écrit en grosses lettres.

— C'est bien pour vous, monsieur? me demanda le marchand en me voyant décacheter l'enveloppe sous laquelle je trouvai une lettre dont je parcourus à la hâte les premières lignes.

— Parfaitement pour moi, répondis-je en me retirant, après avoir remercié le marchand.

Rentré chez moi, je lus la lettre d'un bout à l'autre ; elle était fort longue ; sa date remontait à dix-huit mois ; je n'y trouvai point de signature : c'était la confession des souffrances d'un jeune homme attiré à Paris par le désir de se faire une réputation dans la littérature. Cette lettre, pleine de confusion, portait le cachet de cette amertume qui est le caractère des désespoirs solitaires. Elle avait dû être écrite dans un moment où l'on éprouve le besoin de s'épancher, fût-ce même avec un inconnu. C'était une infortune franchement racontée, sans orgueil et sans humilité. — En deux ou trois endroits, je fis la remarque que l'écriture semblait détrempée, comme si des larmes se fussent mêlées à l'encre.

Je ne citerai de cette lettre que le dernier paragraphe, qui pourra servir de préface aux fragments de journal qu'on va lire ; il pourra, en même temps, me justifier, si on m'adressait le reproche d'être indiscret.

« Quant aux notes qui accompagnent cette lettre, elles ont été écrites au jour le jour, et sous l'impression même des événements ou des pensées qu'elles retracent. Prises isolément, elles n'ont, je crois, qu'un médiocre intérêt ; mais peut-être pourraient-elles servir à un romancier qui oserait ne pas reculer devant la révélation de certaines misères inconnues. — Si vous en trouvez l'occasion dans un de vos prochains ouvrages, je vous autorise à vous servir des feuillets que vous trouverez ci-joints. N'ayez, à cet égard, aucun scrupule. Je verrai avec plaisir, si j'ai le temps de le voir, que mes souffrances auront pu servir à quelque chose. Je ne vous donne pas mon adresse, parce que vous pourriez supposer que c'est une manière indirecte de solliciter soit une réponse, soit une visite, *ou autre chose peut-être*, et que je n'ai point l'intention de me montrer importun en aucune façon. Faites de ces brouillons tel usage qui vous plaira, et si vous avez *mieux* dans vos observations ou dans vos souvenirs, — brûlez ces lamentations. »

J'ai parcouru ce cahier de notes, assez lamentables, en effet, et qui renfermaient des détails d'une misère *véritablement perfectionnée*, suivant une expression contenue dans la lettre. — J'emprunterai à ce mémorial inédit quelques-uns des passages qui m'ont le plus vivement frappé :

1er *janvier* 1846. — Il y a un an aujourd'hui que je suis arrivé à Paris, — et dix-neuf ans que je suis venu au monde. — C'est une pauvre étrenne que le bon Dieu donna à mes parents. — Dans cette année, j'ai déjà enduré plus de misères que je ne supposais qu'un homme pût en supporter dans toute son existence. On me dit cependant que je ne suis qu'au commencement. J'ai traversé tout Paris pour aller inscrire mon nom chez un personnage qui doit me procurer un emploi. — Une animation extraordinaire agitait la ville. — Tout le monde semblait être descendu dans les rues, et tous les gens que je rencontrais avaient un air empressé. Sans doute, ils allaient porter ou recevoir des étrennes. En passant auprès d'un hôpital, j'ai entendu une vieille femme du peuple dire à une jeune fille qui l'accompagnait, en lui montrant des béquilles neuves qu'elle portait sous son bras : — « Ton père aimera bien mieux ces étrennes-là qu'autre chose. Quand on lui verra des béquilles neuves, ça lui donnera de la considération dans l'hospice, et il sera mieux vu par les sœurs. » — Après avoir couru toute la journée, couru sans but, pour me fatiguer et vaincre le besoin par la fatigue, comme je traversais le pont Saint-Michel, à minuit et demi, je me suis senti arrêté par mon habit. C'était une petite fille de huit à neuf ans qui vendait, sur un éventaire, de mauvais bonbons en plâtre et en sucre colorié.

— Achetez-moi quelque chose, mon bon monsieur ; je n'ai pas encore étrenné. — Sa voix sonnait la faim. J'en eus pitié.

Il me restait deux sous ; je les mis sur son éventaire. Je voulais passer mon chemin ; mais la petite m'obligea à prendre un bonbon. — Je pris au hasard.

— C'est une ancre, me dit l'enfant ; ça vous portera bonheur. — Ne mangez pas ça, ajouta-t-elle naïvement ; il y a de la mauvaise peinture après, ça vous ferait du mal.

En effet, l'ancre me porta bonheur.— En rentrant chez moi, j'ai trouvé dans ma serrure un billet de mon protecteur ; il m'annonce qu'il m'a trouvé un emploi.

Allons, l'année commence bien.

5 *janvier*. — J'ai une place. — C'est chez un

tanneur de la rue Beaurepaire. — Je tiens les livres. — J'y vais tous les soirs de sept heures à minuit. — On me donne trente francs par mois. — La besogne est bien ennuyeuse, mais elle me laisse ma journée libre pour travailler. — Mon tanneur est un brave homme. — Il s'est aperçu que je n'étais pas heureux et m'a payé un mois d'avance. — Ce soir, sa femme m'a invité à souper.

6 *janvier*. — Il y avait si longtemps que je ne mangeais plus de viande, que mon souper d'hier m'a rendu malade.

10 *janvier*. — J'ai été forcé de quitter ma place. L'odeur du cuir, qui régnait dans toute la maison, me portait au cerveau et m'embrouillait le cœur. En faisant mes chiffres, j'éprouvais comme le mal de mer. J'ai été obligé de remercier mon patron. — Je lui ai reporté l'argent qu'il m'avait avancé, moins les dix jours de travail. — Sa femme lui a poussé le coude. Il m'a fait entendre que je pouvais garder l'ar-

gent. — J'ai refusé, disant que je ne devais pas accepter un salaire que je n'avais pas gagné. — Le mari a baissé les yeux, la femme a rougi. — Ils paraissaient humiliés de mon refus. — J'ai eu tort de refuser. — Si c'était une aumône, elle était faite sans forme blessante.

Moi qui trouvais Chatteron trop orgueilleux! je n'ai pas son talent et je suis plus orgueilleux que lui. Ce ne sont pas ces grandes manières qui avanceront mes affaires.

Me voilà bien avancé. — Je n'ai plus un sou. — J'aurais dû me contraindre et rester chez le tanneur. — Oui, mais c'est cette odeur de cuir. — Petite maîtresse, va!

7 mai. — Je viens d'achever le dernier chapitre de mon roman. — Pauvre nouveau-né, le malheur a bien secoué ton berceau! — Je l'ai lu à tête reposée, en m'efforçant de dépouiller tout sentiment de paternité littéraire ; je l'ai lu comme si c'était l'œuvre d'un inconnu. — C'est un ouvrage à recommencer. — Les choses intéressantes sont noyées dans des longueurs où mon *moi* se prélasse, comme un convive grossier qui met ses coudes sur la table. Ce n'est pas de l'exubérance, c'est du fouillis ! — Il y a pourtant là-dedans, j'en suis bien sûr, des pages qui promettent. — Oui, mais promettre et tenir... Je recommencerai. Encore un an de perdu !

15 *juin*. — Cette nuit, comme j'étais à ma fenêtre, — une fenêtre s'est ouverte dans la cour voisine. Un homme et une femme se sont mis à prendre l'air. — J'ai reconnu l'homme ; c'est un peintre qui demeure dans la rue. Il a exposé au Salon un tableau sentimental dont la lithographie infeste tous les salons bourgeois. — Sa maîtresse est jolie. — Très-jolie, surtout quand elle se lève la nuit pour venir prendre l'air. — J'ai pensé à cette jeune femme plus qu'il n'était raisonnable.

17 *juin*. — J'ai rencontré la maîtresse du peintre au cabinet de lecture. Elle demandait la *Confession d'un enfant du siècle*. A cette demande,

je l'ai regardée plus attentivement. Elle a roügi, mais sans baisser les yeux. Elle avait au doigt des taches d'encre. Serait-ce un confrère en jupon ?

25 *juin*. — La lectrice de la *Confession* est une bonne fille ; elle a appris que j'étais malade et, toute seule, elle a trouvé un prétexte adroit pour venir me voir. — Elle est entrée dans ma chambre et m'a demandé si je n'avais pas vu son écureuil qui s'était sauvé. Elle prétendait l'avoir vu sauter par ma fenêtre. — *D'écureuil en aiguille,* — elle m'a fait de la tisane ; — je ne sais pas où elle a trouvé du sucre.

28 *juin*. — C'est une compatriote, elle s'appelle Anne, — comme la patronne de mon pays.

Nous avons lu *Brizeux*. Elle a pleuré à l'élégie du *Pont Herlo*.

Je suis amoureux d'elle. — Je crois que je le lui ai dit. — Pour elle, elle n'a dit ni oui ni non.

2 *juillet*.— Anne est morte en trois jours d'une

fièvre typhoïde. — J'ai demandé à son amant, le peintre sentimental, où on l'avait enterrée. — Il m'a répondu qu'il n'en savait rien.

. . . .

1853.

SON EXCELLENCE
GUSTAVE COLLINE

ÉPISODE DE LA VIE DE BOHÈME

En ce temps-là, qui n'est pas très-loin, le philosophe Gustave Colline était ambassadeur.

Sous le masque d'une aimable indolence et d'un profond mépris pour les grandeurs humaines, Colline cachait une ambition géante, et quoi qu'il fît pour dissimuler, il arrivait souvent qu'au milieu de charmants propos dont il émaillait sa conversation, on voyait percer le bout d'oreille de l'homme politique.

Le poëte Rodolphe était le seul qui l'eût deviné. Un jour il disait aux membres du cénacle :

— Ne vous fiez pas aux apparences, messieurs, — Colline médite une ascension vers les hautes cimes sociales. — Plus je relis les excellents articles de philosophie hyperphysique et d'économie rurale que je lui fais insérer dans le *Castor*, plus je suis ancré dans cette idée que notre ami Colline est ce qu'on appelle une forte tête, et que son gigantesque chapeau est la coupole d'une intelligence supérieure, dominatrice et prédestinée. — C'est Machiavel sous l'habit pailleté de Dorat.

— Oh! oh! dirent Schaunard et Marcel, ceci est trop fort... de moka.

— Riez, messieurs, reprit Rodolphe, pour moi je sais à quoi m'en tenir. Depuis que Colline travaille au *Castor*, moniteur officiel de la chapellerie, il est vrai que les chapeliers se désabonnent avec une fureur toujours croissante, mais, en revanche, les chancelleries des légations étrangères se sont abonnées pour leurs cabinets respectifs.

— Ah! ah! murmura Carolus Barbemuche.

— Allons donc! allons donc!

— Carolus, reprit Rodolphe, vous n'êtes qu'un déplorable Zoïle. Je suis convaincu que le philosophe Colline, notre divin maître, aura un jour les honneurs du maroquin ministériel, et que son paletot noisette s'étoilera d'une foule de nichams.

On avait beaucoup ri ce soir-là dans le cénacle de la bohême, — on avait beaucoup ri.

Un mois après, la République était proclamée, aux acclamations unanimes des rédacteurs de deux journaux.

Les bohêmes concentrèrent leur enthousiasme et n'illuminèrent pas, mais ils adressèrent à leurs créanciers une circulaire ainsi conçue :

« Citoyen,

» Ayant eu la gloire de mourir pour la patrie, j'ai chargé mon légataire universel de régler avec vous. Jetons un voile sur le passé. Salut et fraternité. — Vive la République !... »

Puis, comme le droit à la paresse venait d'être proclamé en faveur des arts et des lettres, les bohêmes se croisèrent les bras, se mirent à leur fenêtre et regardèrent la comédie en gens parfaitement désintéressés.

Quand on leur demandait leur opinion sur le nouvel ordre de choses, ils répondaient assez ordinairement :

— Nous avons remarqué que les pavés, bien qu'ils aient été retournés à propos de la République, usaient encore davantage les bottes que du temps de la monarchie. Mais, comme sous le régime actuel nous sommes tous exposés à devenir ministres, cela fait bien un peu de compensation. Et ils se remettaient à leur fenêtre pour voir passer leur portier qui venait d'être nommé proconsul dans un département.

C'est alors que l'existence atteignit des proportions d'un fantastique ignoré jusque-là.

Tous les matins les bohêmes saluaient le retour de l'aurore en posant à la Providence de terribles points d'interrogation.

— Comment et de quoi vivrons-nous aujourd'hui ?

Et ils voyaient paraître devant eux un X gigantesque, symbole de l'inconnu.

Marcel et Rodolphe surtout faisaient des prodiges de valeur pour relier le jour au lendemain. Et braconnant dans toutes les industries nouvellement écloses, l'artiste et le poète, précédés d'une meute de ruses, chassaient du matin au soir cet animal féroce qu'on appelle la pièce de cent sous.

Carolus Barbemuche, dont les sympathies pour la branche aînée n'avaient jamais été un mystère, avait été à Coblence, c'est-à-dire à Pontoise.

Schaunard était disparu; on présuma qu'il avait émigré dans le sein de Phémie.

Gustave Colline, seul, s'était jeté dans le mouvement révolutionnaire. Il hantait les clubs, faisait de la politique hyperphysique et fut du nombre des vingt-cinq mille candidats qui se présentèrent à la députation parisienne.

Colline fréquentait surtout assidûment un café situé aux alentours de l'Opéra. Cet établissement, connu d'abord pour une espèce de centre littéraire qui rappelait l'ancien café Procope, était devenu, après la Révolution, le vestibule des faveurs ministérielles, sans doute à cause de ses adhérences avec un journal, qui dans ce temps-là, était moralement le siége du gouvernement.

Un jour, en passant devant la maison où était situé ce journal, Colline avait remarqué un rassemblement considérable, et comme il en avait demandé la cause, on lui avait répondu :

— Ce sont des gens qui vont demander des places.

Colline avait eu d'abord l'intention de se mettre à la queue; mais il se rappela avoir vu jadis dans le café voisin des personnes attachées au journal qui, en politique, tenaient alors le haut du pavé, et il était entré dans ce café.

Un spectacle curieux se présenta à ses regards. Tous les habitants étaient en train de jouer à des jeux divers, qui aux cartes, qui aux dominos, qui au billard; mais les enjeux n'étaient ni en consommation, ni en argent, — on jouait des places du gouvernement.

A une table, Colline vit avec surprise un monsieur chauve qui venait de gagner en cinq points d'écarté, à un homme maigre, une sous-préfecture. C'était la septième que ce monsieur gagnait dans la journée et il paraissait si satisfait de son gain, qu'en se retirant il donna au garçon un bureau de tabac pour boire.

A une autre table, un autre joueur, venait de perdre en cent points de dominos une recette particulière contre deux fauteuils de substituts et une direction des postes en province. Le joueur décavé alla trouver un gros monsieur très-entouré, et le tirant à part, lui demanda s'il ne pouvait pas lui prêter de quoi se rattraper.

Le gros monsieur tira un portefeuille de sa poche, l'ouvrit et dit au joueur :

—Voici une demi-douzaine de nominations de commissaires dans les départements, c'est tout ce que j'ai sur moi.

Et il les tendit au joueur, absolument comme un ami qui prête de l'argent à un ami, pour lui fournir de quoi se rattraper au jeu.

De temps en temps, à son grand étonnement, Colline entendait des gens qui se demandaient les uns aux autres :

— Avez-vous la monnaie d'un chef de division ? ou bien : Pourriez-vous me changer une recette générale ? — Et les échanges s'opéraient, — les petites places faisaient la monnaie des grosses.

Colline, de plus en plus surpris, s'était approché du billard, où une partie très-intéressante paraissait engagée.

On y faisait une poule d'honneur. Le vainqueur devait gagner une ambassade et une pipe d'écume.

Deux conditions étaient exigées pour concourir à cette belle partie, à laquelle on assurait qu'un membre du gouvernement assistait sous le déguisement d'un garçon de café.

Il fallait d'abord, comme dans toutes les poules, fournir un prix d'entrée ; ce prix d'entrée avait été fixé à un emploi de n'importe quoi, n'importe où, mais dont les appointements ne devaient pas être moins de quatre mille francs par an.

En outre, on devait être rédacteur en chef de quelque chose.

Les concurrents étaient au nombre de six. — Colline, qui était de première force au billard, suivait les coups avec un grand intérêt.

Quatre joueurs avaient été déjà mis hors de lutte, et les deux qui restaient étaient de force égale. L'intérêt de la galerie paraissait porté au plus haut degré, les yeux de Colline étaient ouverts comme des portiques.

Tout à coup l'un des deux adversaires qui restaient, par suite d'un coup de queue donné à faux, livra à son rival un si beau jeu qu'il jugea la partie perdue pour lui.

— C'est toisé, — ma bille est faite, — j'y suis! s'écria-t-il, du ton d'un homme qui prend son parti bravement.

Cependant, après avoir fait signe à son adversaire d'attendre un instant pour jouer, il se retourna vers la galerie et dit :

— Je vends ma bille.

— Il est bon le numéro 3, dit quelqu'un, — il est blousé d'avance, et il veut vendre.

— Je vends ma bille pour une place de commissaire de police, cria le numéro 3.

Personne ne dit mot.

— Pour une place dans les télégraphes.

— C'est trop cher, dit une voix.

— Pour un bureau de papier timbré.

— On ne répondit pas.

— Parbleu! s'écria le joueur, je vends ma bille pour un petit verre, — comme ça je ne perdrai pas tout.

— Garçon! s'écria Colline.

Le garçon de café, qu'on supposait être un membre du gouvernement, s'approcha du philosophe.

— Un petit verre à monsieur, dit Colline en désignant le joueur qui venait de parler.

— Vous achetez ma bille? dit celui-ci.

— Oui, répondit le philosophe, qui, après s'être

débarrassé de son paletot noisette, était déjà en train de choisir une queue.

Mais les personnes qui avaient fait partie de la poule l'entourèrent.

— Permettez, citoyen, dit l'une d'elles, bien qu'il soit probable que la bille du numéro 3 va être faite par le numéro 5, par un hasard étrange, il pourrait se faire que vous gagnassiez.

— Si j'étais sûr de perdre, répondit gravement Colline, je ne ferais pas de sacrifices.

— Mais, dit une autre personne, c'est que l'objet de la poule n'est pas de la petite bière, — il s'agit d'une ambassade.

— Et d'une pipe d'écume.

— Enfin, reprit l'homme qui avait parlé le premier, vous comprenez, citoyen, qu'il faut que nous sachions, au cas où vous gagneriez, en quelles mains cette place considérable pourrait tomber.

— Oui, reprit la seconde voix, — êtes-vous des nôtres ?

— Je dois en être, répondit Colline.

— Mais, reprit-on, il y a dans le programme de la poule un article que vous n'avez peut-être pas lu : « Ne pourront concourir que des rédacteurs en chef. »

— Êtes-vous rédacteur en chef?

— Je le suis, répliqua le philosophe. — Et il tira de sa poche un imprimé qu'il fit circuler. — Voici le prospectus de mon journal.

— Ce n'est qu'un prospectus, dit une voix.

— Mon journal doit paraître *Lundi*, répondit Colline. Il y avait déjà deux mois que Colline abusait de cette facétie. — Il avait eu, en effet, l'idée de fonder un journal, et il en avait fait imprimer le prospectus, mais c'était là tout ce qu'il avait pu faire, — ce qui ne l'empêchait pas de dire à tous les gens qu'il rencontrait : — Je vais faire un journal; j'espère que vous y travaillerez. Et quand on lui demandait : — Quand paraît votre journal? Colline répondait :

— Il doit paraître lundi.

Cependant ses réponses ayant satisfait aux conditions exigées pour concourir à la poule, ceux qui l'avaient interrogé lui laissèrent le champ libre en lui souhaitant ironiquement bonne chance.

Comme Colline mettait du blanc à sa queue, qu'il avait choisie avec un grand soin, le joueur qui était devenu son adversaire lui dit en riant :

— Ne vous donnez pas tant de mal, citoyen; vous êtes maintenant à trois pouces de la blouse, dans une seconde vous serez dedans. C'est limpide, je n'ai qu'à souffler sur ma bille.

— Bah! dit Colline, qui sait?

— Après tout, dit l'autre, vous ne seriez jamais que pour un petit verre. Allons, dit-il en se mettant en position pour jouer : — En avant, la belle, et gagne-moi mon ambassade !

— Citoyen, dit Colline, faites-moi le plaisir de ne pas parler aux billes, ça les intimide.

— Farceur! dit le joueur, qui se penchait sur le billard.

Mais au moment où il allait donner son coup de queue, une détonation causée par une plantation d'arbre de la liberté se fit entendre au dehors, et un mouvement involontaire ayant fait trembler le bras du joueur, sa bille, mal dirigée, au lieu de faire celle de Colline, alla se blouser elle-même.

Colline restait vainqueur sans avoir eu besoin de jouer.

— Eh bien, citoyen ? dit-il à son adversaire désappointé ; quand je vous disais !

En apprenant que la poule était terminée, tous les habitués du café accoururent dans la salle de billard pour savoir quel était le gagnant.

Colline fut entouré et complimenté ;—diverses gens le tirèrent à part et se recommandèrent à lui au cas où il emmènerait des secrétaires.

— J'ai mon monde, répondit Colline.

Le garçon de café qu'on supposait être un membre du gouvernement, vint lui remettre sa pipe d'écume.

— Et l'ambassade? demanda le philosophe; — je voudrais bien toucher l'ambassade.

— Citoyen, soyez tranquille; — veuillez seulement nous donner votre nom, — votre nomination sera signée ce soir — et paraîtra demain au *Moniteur*.

— Pourrais-je savoir à peu près quelle légation m'est destinée? — Irais-je à Londres, à Berlin ou à Vienne? Les idiomes de ces différentes contrées me sont également familiers...

— Oh! oh! lui répondit-on, comme vous y allez!... Les postes importants ont leurs titulaires,... vous serez envoyé dans une cour de second ordre; c'est déjà bien gentil.

— Enfin! murmura Colline... je fais partie du corps diplomatique... Et il allait sortir, quand un garçon de café vint lui rappeler qu'il devait un petit verre.

— C'est vrai, dit le philosophe, je l'oubliais; et après avoir fouillé dans sa poche, il en tira son mouchoir, dans un coin duquel se trouvaient enveloppées quelques petites pièces de monnaie, — c'étaient les fonds qu'il économisait pour faire paraître son journal; il n'y avait pas loin de trois francs dix sous.

Colline donna cinquante centimes et laissa généreusement ce qui lui revenait au garçon.

Le philosophe rentra chez lui, et passa la nuit à méditer sur la carte d'Europe.

Le lendemain, le *Moniteur* contenait ces lignes dans sa partie officielle :

« Le citoyen Gustave Colline vient d'être chargé d'une mission secrète en Allemagne. »

Trois jours après sa nomination, Gustave Colline reçut une invitation à comparaître au ministère pour y recevoir ses instructions.

Au jour et à l'heure indiqués, le philosophe entrait dans l'antichambre ministérielle.

Il était en toilette de ville, — paletot noisette, cravate blanche brodée aux coins par la main des grâces, et nouée par celles du bon goût et des amours réunis, — pantalon marron ayant les habitudes du monde, bottes religieusement cirées pour une faible somme. Son feutre, âgé d'un lustre, en avait reçu un nouveau grâce aux soins d'une brosse intelligente.

Le ministre de ce ministère était un homme qui parlait peu et fumait beaucoup. — Au moment où Colline entrait dans son cabinet, l'ambassadeur d'Angleterre en sortait, et le philosophe remarqua que son valet, qui l'attendait dans l'antichambre, l'aida à passer ses bras dans les manches d'un paletot aussi noisette que le sien. — Aussi le philosophe adressa-t-il à lord Normanby un salut de confrère à confrère.

Quand Gustave Colline fut introduit auprès du ministre, celui-ci paraissait être de fort mauvaise humeur, — sans doute à cause des interpellations qui devaient lui être adressées à la Chambre; aussi, comme il se réservait pour la séance, se montra-t-il très-économe de paroles, et du geste, se borna à indiquer un siége à Colline, qui s'assit gravement en déposant à terre une demi-douzaine de bouquins qu'il venait d'acquérir à la porte du ministère.

Après quelques instants, le ministre prit sur sa table une pipe de terre, en secoua la cendre, et promena son regard autour de lui comme s'il cherchait quelque chose qu'il ne trouvait pas sans doute, car il fit un geste d'impatience et agita violemment une sonnette.

Un huissier se présenta :

— Quatre sous à fumer, dit le ministre.

— Colline fouilla précipitamment dans sa poche, y prit un paquet de tabac, et le tendit au ministre en lui disant :

— Oserai-je vous offrir?

— Le ministre s'inclina et bourra sa pipe en jetant un regard d'envie sur celle que Colline venait de sortir de son étui.

— Vous avez là un joli brûle-gueule, dit le ministre.

— En effet, répondit le philosophe, il est

agréable, je m'en sers quand je vais dans le monde.

Mais Colline fut pris d'une vive inquiétude, en voyant le ministre qui, au lieu de lui rendre son tabac, le mettait dans sa poche.

— Serait-il élève de Schaunard? pensa le philosophe, en se rappelant que l'auteur de la symphonie du *Bleu dans les Arts* avait également l'habitude de fourrer dans sa poche le tabac de ses amis.

Cependant le ministre se rappela son oubli, et avec un regard expressif qui voulait dire : « Mille excuses, j'ai une tête de linotte, » il rendit le tabac à Colline, qui bourra sa pipe, et dit au ministre, quand celui-ci eut allumé la sienne :

— Pardon, oserai-je vous prier de me communiquer votre feu, si vous n'avez plus besoin de cet élément ?

Et tous deux se mirent à fumer en face l'un de l'autre.

— Citoyen, dit tout à coup le ministre, qui

parla comme une personne naturelle, vous êtes nommé ministre plénipotentiaire à la cour de... en Allemagne.

» Dans trois jours vous prendrez vos passe-ports et vous partirez pour le lieu de votre destination. Des instructions ultérieures vous feront connaître ce que vous aurez à faire ; voici un mandat de deux mille francs pour subvenir aux frais du voyage et de séjour, à la cour... Vous tâcherez de vous procurer un habit noir, ajouta le ministre, ça se porte... » Et après avoir remis à Colline une ordonnance de payement sur le Trésor, il indiqua par un geste que l'audience était terminée.

Colline sortit à reculons, et arriva ainsi jusqu'à la porte du Trésor. Après avoir passé dans dix-sept bureaux, il se trouva enfin mis en face de ces deux mille francs, qui lui furent payés en or.

Le philosophe eut d'abord l'idée de prendre plusieurs cabriolets, mais il trouva sous ses pas le marchepied d'un omnibus et il s'y précipita.

Il avait la tête si troublée que lorsque le conducteur lui réclama le prix de sa place, Colline lui mit dans la main ses deux mille francs en or, et lui demanda la monnaie.

En passant dans la rue Vivienne, Colline aperçut par une portière de la voiture ses deux amis, Marcel et Rodolphe, qui examinaient avec un vif sentiment de curiosité le musée vivant, étalé à la devanture de Chevet.

Colline fit arrêter sa voiture, descendit, sans être aperçu de ses deux amis, alla se planter derrière eux, dans l'intention de leur faire une bonne charge.

Tantalisés par le spectacle appétissant des odorants comestibles, les deux bohêmes ressemblaient dans leur contemplation à ce personnage affamé d'un roman espagnol qui faisait maigrir les jambons rien qu'en les regardant.

—Ceci s'appelle une dinde truffée, disait Marcel, en indiquant une magnifique volaille laissant voir à travers son épiderme rosé et transparent les tubercules périgourdins dont elle était farcie. J'ai vu des gens impies manger de cela sans se mettre à genoux, ajouta le peintre en jetant sur la dinde des regards capables de la faire rôtir.

— Et que penses-tu de ce modeste gigot de présalé? dit Rodolphe; comme c'est beau de couleur! on le dirait fraîchement décroché de cette boutique de charcutier qu'on voit dans un tableau de Jordaens. Ce gigot est le mets favori des dieux et de madame Chandellier, ma marraine.

— Vois un peu ces poissons, reprit Marcel en montrant des truites. Ce sont les plus habiles nageurs de la race aquatique. Ces petites bêtes, qui n'ont l'air d'avoir aucune prétention, pourraient cependant s'amasser des rentes en faisant des tours de force. Figure-toi que ça remonte le courant d'un torrent à pic aussi facilement que nous accepterions une invitation à dîner—ou deux. J'ai failli en manger.

— Et là-bas ces gros fruits dorés à cônes, dont

le feuillage ressemble à un arsenal de sabres sauvages, on appelle ça des ananas, — c'est la pomme de reinette des tropiques.

— Ça m'est égal, répondit Marcel, en fait de fruits, je préfère ce morceau de bœuf de Hambourg ou ce simple jambonneau cuirassé d'une gelée glacée jaune et transparente comme l'ambre.

— Tu as raison, reprit Rodolphe, le jambonneau est ami de l'homme; — cependant, je ne repousserais pas ce faisan.

— Je crois bien, répliqua le peintre, c'est le plat des ambassadeurs — on n'en mange que chez eux.

— Baðum! fit Gustave Colline, en passant soudainement sa tête entre celle de ses deux amis. Vous en mangerez chez moi, et sans ajouter un mot, le philosophe tira de son portefeuille la lettre ministérielle qui lui annonçait sa nomination et la mit sous les yeux de Rodolphe et de Marcel, et à cette exhibition. Il ajouta celle d'une poignée d'or.

Ici, je fais comme M. Chopin, peintre d'histoire, aurait dû faire depuis longtemps,—je renonce à peindre.

— Vous êtes au grenier de l'étonnement, dit Colline à ses deux amis. — Le philosophe voulait dire au comble. — Je vais vous conter mon histoire, figurez-vous.—Mais nous ne pouvons causer dans la rue. Il faut entrer en quelque endroit.

— Montons chez moi, dit Marcel.

— Est-ce que tu loges dans ce quartier? demanda le philosophe.

— J'habite là, répondit l'artiste, en montrant une berline de remise qui stationnait à quelque distance.

— Comment! fit Colline avec étonnement, tu demeures rue Vivienne, dans cette belle maison?

— Eh! non, dit Marcel, je loge dans la voiture.

—Comment! je ne comprends pas celui-là.

— Montons d'abord dans la voiture, dit Marcel, nous nous expliquerons.

— Ah! je suis bien intrigué! exclama Colline, qui, en s'asseyant dans la berline, avait remarqué qu'elle contenait un fourneau et les premiers objets indispensables pour faire la cuisine.

— Où allons-nous? messieurs, vint demander le cocher.

— Nous n'allons pas, nous restons,— et si l'on venait me demander, vous ne laisseriez monter personne, je n'y suis pas, dit Marcel. Maintenant, Colline, tu as la parole.

— Narre, ajouta Rodolphe.

— Après vous, répondit le philosophe. Que signifie cet équipage dans lequel je vous rencontre?

— C'est bien simple, dit Marcel, il y a quelque temps, j'ai connu un jeune homme très-riche. Il m'avait choisi pour être l'aide de camp de ses plaisirs, son cicérone à travers les délices de la vie parisienne. Un beau jour, il disparut subitement pour aller recueillir l'héritage d'un de ses oncles, mort des suites de la joie qu'il avait éprouvée à la proclamation de la République. Cette voiture se trouvait payée d'avance pour un mois, — et n'en ayant pas d'autre, — j'en ai fait ma résidence, c'est très-commode pour mes créanciers. — Malheureusement, sa location expire dans trois jours.

— Et toi, demanda Colline au poëte Rodolphe, que fais-tu? où loges-tu?

— Moi, j'habite à bord de *la Dryade*.

— Qu'est-ce que ça? demanda le philosophe.

— *La Dryade* est un bateau à vapeur qui fait un service commercial entre Paris et Rouen. Je connais le capitaine et il m'a donné une petite cabine à son bord, — seulement je suis obligé d'aller deux fois par semaine à Rouen.

Quand son tour fut venu, Colline raconta à ses amis par quelles voies mystérieuses la Providence l'avait fait entrer dans le corps diplomatique.

Le soir, il offrit à dîner aux bohèmes et leur prêta un peu d'argent, pour qu'ils pussent se procurer des domiciles plus sérieux.

A quelques jours de là, et d'après les conseils de Rodolphe et de Marcel, Gustave Colline, dont le départ pour l'Allemagne n'était pas encore fixé, résolut de signaler son introduction dans le concert européen, par une petite fête diplomatico-hyperphysique.

Le poëte Rodolphe fut chargé de dresser la liste de tous les représentants des puissances étrangères actuellement en résidence à Paris. Pour donner plus de sérieux et plus d'autorité à ses invitations, Rodolphe les écrivit sur du papier, têtes de lettres du journal *le Castor*.

Voici l'exemplaire de cette circulaire qui fut adressée à l'ambassadeur d'Angleterre, pour lequel Colline avait une sympathie particulière, — depuis qu'il avait remarqué que le paletot de l'excellence anglaise était de la même couleur que le sien, ce qui avait fait dire à Rodolphe :

— Probablement que le noisette est une couleur diplomatique.

Un matin, lord Normanby reçut donc la lettre suivante :

Le Castor, journal de la Chapellerie parisienne.

« Paris, le ...

« Le citoyen Gustave Colline, ministre plénipotentiaire de la République française près de la cour de..., a l'honneur d'inviter Son Excellence lord Normanby, ambassadeur de S. M. la reine des Iles Britanniques (Angleterre, Irlande et Écosse, capitale Londres, sur la Tamise), à venir dîner sans cérémonie, chez lui, mardi prochain.

» Il y aura du dessert. »

— Invites-tu le ministère ? demanda Rodolphe.

— Je crois que ce serait bien plus régulier, répondit Colline ; mais pas pour le dîner, pour la soirée seulement.

— Invitons le ministère, dit Rodolphe.

Et les ministres reçurent cette autre circulaire :

Le Castor, journal de la Chapellerie parisienne.

« Paris, le ...

« Le citoyen Gustave Colline, ministre plénipotentiaire de la République française près de la cour de..., a l'honneur d'inviter le citoyen-ministre (suivait la désignation) à venir passer, mardi prochain, la soirée dans ses magnifiques salons. — Il y aura de la bougie.

» *N.-B.* On rira! (Nous n'avons qu'un temps à vivre.) »

— Mais j'y pense, dit Marcel, quand les invitations furent lancées, tes magnifiques salons seront trop petits pour contenir tout ce monde. Les ambassadeurs amèneront sans doute leurs épouses.

— Diable! dit Colline... c'est vrai.—Comment faire?...

— Au fait, c'est bien simple, dit Rodolphe,—il faut envoyer une note aux journaux.

Et la veille du dîner, les feuilles politiques publiaient la note suivante :

« Les magnifiques salons du citoyen Gustave Colline, ministre plénipotentiaire de la République française près de la cour de..., n'étant pas assez grands,—cet homme d'État a l'honneur d'informer MM. les ambassadeurs des puissances étrangères que les invitations qu'ils ont reçues ne sont valables que pour une personne. En conséquence, leurs épouses ne seront pas admises cette fois.— Néanmoins, il y aura un de ces jours une journée spéciale pour les ambassadrices.—Une mise distinguée sera de rigueur. »

— Comme ça, les convenances sont sauvegardées, dit Colline en lisant cette note, qui causa de grandes tempêtes dans le monde du protocole.

Il est inutile de dire que les ambassadeurs des puissances étrangères négligèrent de répondre à l'aimable invitation de leur nouveau collègue, Son Excellence Gustave Colline.

Le philosophe en prit son parti.

— Je suis sûr, dit-il à Rodolphe, que dans le fond les représentants des traités de 1815 seraient enchantés de venir déguster mes vins généreux. Mais leur position officielle les retient captifs au rivage du servilisme. Cependant, je maintiens mon festival, et je verrai à me procurer quelques personnages politiques.

— C'est très-facile, dit Rodolphe, tu n'as qu'à faire distribuer au café de... la carte du festin. Tu feras salle comble.

— J'y songerai, dit Son Excellence Gustave Colline.

Le peintre Marcel, qui avait été nommé ordonnateur des réjouissances diplomatiques, avait fait remarquer à Son Excellence Gustave Colline que ses magnifiques salons étaient décorés avec une mesquinerie déplorable et le mauvais goût le plus parfait.

— Cependant, répondit Colline, je t'ai confié des sommes importantes pour embellir ce séjour.

— Eh quoi! fit le philosophe avec étonnement, tu ne t'es pas seulement procuré de tapis de la Savonnerie? A quoi as-tu donc dilapidé mes fonds?

— Tu m'as donné quinze francs, dit Marcel, je les ai honnêtement dilapidés en achat et location de choses indispensables. Mais si tu exiges des objets de luxe, tels que fauteuils, et des serviettes pour les ambassadeurs des grandes puissances, dont tu désires te concilier l'estime, il faut augmenter le budget des dépenses.

— Eh bien, dit Colline, voilà encore douze mérovingiens (douze francs sans doute), mais cette fois, n'épargne rien.

— Sois tranquille, répondit Marcel. Maintenant, je te promets une éclipse totale de Balthasar.

En effet, grâce à ce subside additionnel, Marcel put lâcher de l'éperon à son imagination, et fit largement les choses.

D'abord il acheta un palais.

C'était un magnifique palais en marbre blanc, avec colonnes de jaspe, bas-reliefs et tableaux de grands maîtres, y compris les frais d'adjudication et de transport,— ce palais coûtait neuf francs soixante centimes.

Marcel l'avait acheté à l'hôtel Bullion, où il faisait partie d'une vente de décorations de théâtre.

Colline prodigua à Marcel les noms les plus chers.

Le palais fut immédiatement dressé dans la grande pièce du logement de l'ambassadeur.

Ce décor se composait d'une toile de fond représentant un péristyle grec ouvrant sur des jardins anglais.—Par les fenêtres on apercevait le mont Vésuve et la cathédrale de Strasbourg, réunis côte à côte par un caprice d'un décorateur ami de l'anachronisme. Des portants de coulisses figuraient des colonnes contre lesquelles se tenaient appuyés, hallebarde au poing, des soldats de la garde prétorienne.

C'était splendide.

— Comme il n'y a point de palais sans suisse, dit Marcel, je me suis procuré un costume de Guillaume Tell, dont se revêtira le concierge de la maison, ce qui produira un excellent effet.

— L'Helvétien était de rigueur, dit Colline en approuvant.

— Mais ce n'est pas tout, ajouta Marcel, en développant un paquet qu'il tenait à la main. Voici un objet que je n'hésiterai pas un seul moment à appeler le dernier mot de l'art.

— Ah! ciel! s'écria Rodolphe, un melon.

— Au mois d'avril, quelle primeur! dit Colline.

— Oui, reprit Marcel, seulement je le crois de l'année dernière.—Je l'ai acheté d'occasion, mais il paraît bien conservé et fera l'usage d'un neuf.

Au même instant le portier de la maison, qui

était effectivement vêtu en Guillaume Tell, apporta à Colline une lettre du ministre, et en l'offrant au philosophe il eut soin de présenter sa hallebarde, ainsi que Marcel lui avait recommandé de le faire.

Cette dépêche mandait immédiatement Son Excellence Gustave Colline au ministère.

Il s'y rendit avec la rapidité d'une flèche lancée d'une main sûre.

— Citoyen, lui dit le ministre, j'apprends ce matin, par les journaux, que j'ai reçu, il y a quinze jours, une dépêche télégraphique qui m'informe que votre présence à la cour de... est absolument nécessaire. L'influence russe gagne du terrain dans cette principauté; il faut aller la combattre. L'envoyé du czar est un homme très-fin, je vous préviens, et vous aurez affaire à forte partie.

— Fut-il plus fin qu'un cheveu, répondit Colline, je le mettrai dedans sans balancer.

— Je vais préparer vos dernières instructions,

dit le ministre, vous partirez demain au retour de l'aurore.

— Pardon, dit Colline, cela m'est impossible. J'ouvre précisément demain mes salons à quelques amis politiques, et il serait indécent que je ne fusse pas là pour faire les honneurs. Je prie donc M. le ministre de m'accorder un sursis : l'envoyé russe ne perdra rien pour attendre.

— Je ne puis prendre sur moi de vous accorder un délai, répondit le ministre, j'en parlerai au conseil, et je vous ferai savoir ma réponse par mon secrétaire. Cependant tenez-vous prêt à partir demain matin.

— Mes préparatifs sont tout faits, il ne me reste plus qu'une garniture de boutons à mettre à l'habit noir que je me suis procuré, selon les conseils de Votre Excellence.

En sortant du ministère, Colline rencontra le juif Médicis qui, ayant appris la nomination du philosophe, le félicita longuement.

— Vous allez probablement monter votre maison ? dit le juif.

— Indubitablement, répondit Son Excellence.

— Il vous faudra un intendant, continua Médicis.

— Un au moins, dit Colline.

— En ce cas, reprit le juif, je me recommande à vous, non pour moi, mais pour un de mes amis, un ancien diplomate, décoré de plusieurs ordres, et qui, pour le moment, marche dans d'assez mauvais souliers ; un homme précieux qui fréquente tous les grands hommes de l'Europe politique ; aussi, connaît-il à fond toutes les questions à l'ordre du jour. En 1815, il collabora au Congrès de Vienne, en qualité de garçon de bureau, et M. de Metternich avait pour lui une estime particulière. En outre, il sait faire la cuisine et marque le linge adroitement ; il pourrait vous être d'une grande utilité.

— Au fait, dit Colline, j'y pense. J'admets demain à ma table tout ce qu'il y a au monde d'intrigants politiques ; il est évident qu'en dégustant mes vins généreux, ils vont me tâter mes bosses et essayer de me mettre dedans.

— N'en doutez pas, n'en doutez pas, reprit Médicis, il vous feront un tas de misères.

— J'ignore les premiers éléments de l'escrime diplomatique, dit Colline, et avant de me présenter sur le terrain, il serait urgent que j'apprisse au moins quelques paroles et que je susse manier le protocole.

— Eh bien ! je vous conseille d'aller voir mon ami, répondit Médicis, je vous le répète, c'est un homme prodigieux, une de ces vastes intelligences que la fatalité condamne à l'anonyme; il vous donnera quelques leçons de diplomatie, et pour la moindre des choses, vous apprendra cette fameuse botte familière à M. de Metternich.

Une heure après, Gustave Colline était chez l'ami de Médicis.

C'était un vieillard jaune, sec et long ; il avait l'air d'un joujou de Nuremberg vivant.

— Monsieur, dit Colline.

— Appelez-moi Excellence, dit le vieillard, j'y suis habitué et c'est plus convenable.

— Excellence, reprit le philosophe, je suis moi-même Son Excellence Gustave Colline, ambassadeur de la République française près de la cour de... et sur le point de partir pour cette résidence, je viens, sur la recommandation de M. Médicis, réclamer quelques étincelles de vos lumières.

— S'il en est ainsi, répondit le vieillard, je prierai Votre Excellence de vouloir bien me permettre de me revêtir de mon costume officiel.

Cinq minutes après, le vieillard revint. Il avait revêtu son habit de diplomate qui le faisait ressembler à un figurant du Théâtre-Italien. Un immense jabot — qui semblait avoir une petite vérole de grains de tabac — flottait sur sa poitrine constellée d'ordres mystérieux.

— Maintenant, dit-il à Colline, je suis aux ordres de Votre Excellence.

— Pour cette fois, fit le philosophe, je me bornerai à vous prier de m'indiquer les premiers éléments du métier, et les mots les plus usités du dictionnaire des hommes appelés à régir la destinée des peuples.

— Excellence, reprit le vieillard, la diplomatie est à la fois la science la plus simple et la plus compliquée. Pour aujourd'hui, et selon les vœux de Votre Excellence, je me bornerai sommairement à lui indiquer les principes fondamentaux sur lesquels repose cette science : — 1° je conseillerai à Votre Excellence d'adopter la culotte courte et le jabot.

— Pourquoi ? dit Colline étonné.

— Il est impossible de faire sérieusement la diplomatie sans culotte courte et sans jabot, dit le vieillard. — Pour mon compte, je suis même convaincu que M. de Metternich, mon auguste maître, doit une partie de sa supériorité à la perruque et à la poudre. — Appelez-en à l'histoire, et vous verrez que tous les traités historiques importants ont été conclus par des diplomates en culotte courte et en jabot. — Mon ami Médicis vous fournira, à très-bon compte, un jabot de Valenciennes garni de tabac d'Espagne ; cela peut paraître puéril à Votre Excellence, mais en diplomatie, je lui ferai observer, — et je parle par expérience, — que les puérilités sont les choses les plus importantes ; — en outre, j'adresserai une question à Votre Excellence : — Sait-elle jouer à la bouillotte ?

— Non. Ah ! non, répondit Colline.

— Tant pis, répliqua le vieillard, je conseillerai à Votre Excellence d'apprendre ce jeu ; il est aussi indispensable à un ambassadeur, que l'arithmétique est nécessaire à un mathématicien. La bouillotte est le conservatoire de la diplomatie ; car, la diplomatie est, au fond, l'art de savoir engager son jeu et de le faire tenir par ses adversaires, tout en ayant brelan dans les mains. — En outre, continua le vieillard, dans les entretiens que Votre Excellence pourra avoir avec ses collègues, je lui conseillerai de faire une grande consommation d'adverbes, cela donne du montant et indique le diplomate de race.

— Très-bien, dit Colline, avant de partir pour la cour de... je ferai mettre dans ma malle une provision d'adverbes.

— Enfin, reprit le vieillard, — et je prie Votre Excellence de me prêter la plus grande attention; — toutes les fois que vous aurez un traité à conclure, une notification ou un mémorandum, j'inviterai Votre Excellence à n'apporter dans la rédaction des articles que des termes confus; de ces mots *janus* qui disent à la fois oui et non; enfin, d'éviter le plus possible la clarté et la précision. Un bon traité ne doit jamais rien terminer; car, entre nous, je ferai remarquer à Votre Excellence que si l'on réglait les affaires politiques avec clarté, ce serait, au bout d'un temps donné, la mort de la diplomatie.

— Parbleu! dit Colline, il n'y aurait plus d'eau à boire dans le métier; ce que vous dites là est limpide comme du cristal, — et le philosophe glissa une pièce de quarante sous dans la main du vieillard, qui lui dit :

— Si Votre Excellence désirait connaître quelles sont les intentions de l'avenir à son égard, je possède également l'art d'écarter les voiles qui dérobent les secrets aux faibles mortels...

— Merci, dit Colline, j'ai mon épouse qui est très-forte là-dessus...

— Je fais également des chaussons de lisière, continua le vieillard. Si Votre Excellence en désire... pour aller à la cour...

— Je vous remercie, dit Colline, et je prie Votre Excellence de me faire l'honneur d'assister au dîner que j'offre demain aux sommités politiques.

— J'accepte avec reconnaissance, dit le vieux diplomate, et au cas où vous ne vous seriez pas encore procuré de madère, je me recommanderai à vous. J'en ai d'excellent... à des prix modérés.

— Merci, dit Colline, j'ai un intendant qui fait mon madère lui-même pour être plus sûr.

Le jour du grand dîner diplomatique était enfin arrivé. Le matin de ce jour solennel, Schaunard, qui était disparu depuis longtemps, tomba subitement du ciel entre les bras de Colline.

— D'où viens-tu ? demanda le philosophe.

— J'étais dans mes terres, répondit Schaunard... J'ai senti l'odeur du dîner et me voilà.

— Ah! fit Colline avec embarras... C'est bien aimable de ta part... et je regrette vivement...

— Quoi donc ? dit Rodolphe, étonné de ce langage... Est-ce que Schaunard n'est pas des nôtres?

— Mes amis, mes bons amis, dit Colline, en chiffonnant son jabot, vous comprenez... il est des situations où l'amitié se trouve mise à de rudes épreuves. Enfin, il m'est impossible de vous recevoir à ma table ce soir. Les grands intérêts politiques qui agitent le monde y seront discutés, et peut-être les personnages importants qui m'honorent de leur appétit trouveraient-ils étrange que j'aie invité des étrangers... Au reste, j'aurai soin à ce que l'on vous garde de tous les plats... Vous dînerez à l'office.

— Canaille! dit Marcel.

— Les bras m'en tombent, dit Rodolphe épouvanté.

— Ramasse-les, reprit Marcel, et allons-nous-en; — ça révolte l'humanité.

Mais l'accès d'ingratitude dont le philosophe avait été atteint n'eut pas de suite.

Le soir, à six heures, les garçons du restaurant à *quarante sous par tête*, avec qui Colline avait traité à forfait, dressaient le festin dans la grande salle du palais.

Mais au moment où l'on attendait les convives, une nouvelle dépêche du ministère enjoignait à Colline l'ordre de partir immédiatement. Un post-scriptum lui annonçait qu'il recevrait des instructions à Strasbourg.

— Sacrebleu! dit Colline, céci est violent. J'ai presque envie de donner ma démission. Qu'est-ce qu'il y a donc de si pressé à la cour de...? Une demi-heure après, le secrétaire du cabinet du ministre venait lui-même s'assurer du départ de Colline.

— Diable! fit celui-ci, il paraît que c'est sérieux et qu'une minute de retard pourra mettre l'Europe en feu. Comment faire? Et mon monde qui va venir...

— Es-tu connu à la cour de...? demanda Rodolphe au philosophe.

— Oh! dit celui-ci, de réputation seulement.

— Eh bien, dit Marcel, si on ne te connaît pas autrement, reste encore ici quelques jours et envoie un commissionnaire à ta place.

— Non, dit Colline, décidément, je vais partir... Vous ferez au corps diplomatique les honneurs de mon palais, et vous lui présenterez mes excuses officielles.

En montant dans le flacre qui devait le conduire au chemin de fer, Gustave Colline rencontra mademoiselle Musette, qui était à pied.

— Adieu, ma petite, dit Colline, en lui faisant un signe amical. Je pars pour mon ambassade... Je vais à la cour, ma chère... — Qu'est-ce que vous voulez que je vous rapporte?

— Rapportez-moi un prince, dit Musette.

En arrivant à Strasbourg, Gustave Colline descendit à l'hôtel des Ambassadeurs, et s'y arrêta pour attendre les nouveaux ordres que devait lui adresser le ministre.

Un soir, qu'il dînait à la table d'hôte, au milieu d'une société qu'il jugea être d'élite, Colline laissa tomber sur la nappe sa qualité de ministre plénipotentiaire, sans doute dans le but de s'attirer de la considération et les meilleurs morceaux; mais cette révélation produisit un tout autre effet. Le maître de l'établissement, qui avait déjà eu affaire à quelques commissaires du nouveau gouvernement, parut s'émouvoir, et fit à Son

Excellence Gustave Colline l'honneur de lui donner sa carte avant la fin du repas.

Comme le diplomate paraissait manifester le désir d'avoir quelques détails sur la résidence de... et sur son souverain, un diplomate dans les vins se trouva juste à propos pour le renseigner.

Vous allez à..., citoyen, répondit-il à Colline. C'est un endroit agréable, bâti sur les bords d'un marais fétide, fertile en sangsues. Quatre-vingt-deux ou quatre-vingt-cinq habitants. Les femmes y sont grêlées, mais sensibles. Quant au prince régnant, c'est le meilleur monarque du monde. Il est à la fois sa chambre des députés et son ministère, et cependant, il trouve encore le moyen d'avoir une opposition. Son peuple est le plus heureux de la terre.

— Un peuple ne peut jamais être heureux, répondit Colline. — Je vais travailler à rendre son indépendance à cette grande et généreuse nation opprimée par un petit tyran. J'emporte avec moi de la graine de révolution. — On verra.

— L'esprit d'indépendance et d'égalité a déjà pénétré dans ses murs, répliqua le commis-voyageur. Quand j'ai quitté la résidence de..., il y avait déjà un club à l'instar de ceux de Paris. Cette réunion a été fondée par un des quatre-vingt-cinq habitants, qui a le malheur d'être louche. Il se rassemble tous les soirs pour demander, qu'en vertu de l'égalité, tous les autres citoyens soient également louches.

— Dame! dit un des convives.

— Le prince, qui est un excellent homme, continua le commis-voyageur, a fait offrir à ce démocrate de lui faire faire, à ses frais, l'opération du strabisme. Mais il s'y est opposé avec une éloquence toute patriotique.

— Dame! dit le convive, ce citoyen maintient son droit.

— Seulement, comme il faisait beaucoup de

bruit dans son club, reprit le commis en vins, l'autorité a dû prendre des mesures.

— C'est cela, repartit le convive, on l'a plongé dans les cachots parce qu'il proclamait le principe éternel du droit et de la légalité. Je suis sûr qu'il y a déjà une armée russe sur la frontière de...

— Du tout... du tout..., on s'est borné à conduire le démocrate dans une maison de santé et on lui donne des douches. La révolution de... s'est terminée là.

Colline profita de son séjour à Strasbourg pour y faire l'acquisition de quelques bouquins rares, parmi lesquels se trouvait une édition princeps du *Parfait Bouvier chinois*, avec annotations en syriaque moderne. Ce beau livre était, comme on se le rappelle [1], la lecture favorite du philosophe. Il acheta également quelques pâtés dont il fit également sa lecture favorite pendant

---

[1]. Voir les *Scènes de la Vie de bohème.*

le reste du voyage, car les dépêches qu'il attendait du ministère lui étant parvenues, il se remit en route pour la ville de...

Une seule chose intriguait vivement Son Excellence Gustave Colline : c'est que sa mission était tellement secrète, que lui-même ignorait quel en était le motif. Le ministre se bornait à lui envoyer des lettres de créance, mais on ne lui disait aucunement ce qu'il avait à faire à la cour de...

Une maxime qu'il recueillit dans la lecture du *Parfait Bouvier chinois* le tira d'embarras :

« En toute chose, rapportez-vous-en à votre propre instinct, semez en avril. »

C'est parfaitement clair, pensa Colline, le philosophe qui a écrit cette pensée était de l'école des *Égotistes*, il pratiquait le moi-*mihi*, c'est-à-dire la spontanéité, le libre instinct. « En toute chose, rapporte-t'en à toi-même. » C'est évident, cet axiome est le flambeau qui doit éclairer ma conduite, et m'explique le sens mystérieux de ces mots : Semez en avril. Nous sommes précisément dans ce mois. Semez, c'est-à-dire, répandez l'esprit universel, semez la propagande, révolutionnez. Je comprends que le ministre soit aussi concis : il craint de compromettre sa politique et s'en rapporte à moi... c'est bien délicat de sa part. La diplomatie est la science des demi-mots. Le mystère est le cadenas de sûreté des gouvernements. Mais l'instruction, l'intelligence sont des passe-partout.

— N'oublions pas cette phrase, murmura Colline, je la mettrai dans mes mémoires diplomatiques.

En arrivant à la résidence de..., Colline demanda où était situé l'hôtel des *Ambassadeurs*. Comme il parlait un allemand de vingt-sept leçons, il fut quelque temps sans pouvoir se faire comprendre. A la fin, pourtant, on lui indiqua un hôtel-auberge, à l'enseigne cosmopolite du *Lion d'or*.

Colline prit une chambre et pria son hôte de faire parvenir à l'introducteur des ambassadeurs une lettre dans laquelle il lui annonçait son arrivée. L'hôtelier lui répondit qu'il ne connaissait pas cette charge à la cour de...

— Ah çà! mais, dit Colline, qui est-ce donc qui introduit les ambassadeurs auprès de votre souverain ?

— Il n'est jamais venu d'ambassadeur ici, dit l'aubergiste.

— Mais quand on veut parler au prince, comment fait-on alors ?

— On va le voir, c'est bien simple.

— C'est même trop simple, répliqua Colline très-piqué. Car il avait cru qu'on allait lui faire une réception solennelle, et pensait qu'on allait venir le prendre dans une belle voiture à six chevaux ponr le conduire au palais avec une escorte d'honneur. Enfin, tout le cérémonial dont il avait été témoin à Paris lorsqu'un ambassadeur se présentait pour la première fois aux Tuileries.

— Qu'est-ce que c'est que ces mœurs-là ? reprit Colline. Il n'a donc pas de liste civile, votre prince, pas de salle du trône, pas la moindre des choses ? Vous ne lui donnez donc pas un sou, qu'il ne peut même point offrir un cabriolet aux envoyés des grandes puissances ?

— Le prince n'est pas riche, dit l'hôtelier, et comme la récolte a été mauvaise, il a diminué nos impôts.

— Qu'est-ce que vous récoltez donc dans ce pays-ci ? Je n'ai pas vu un arbre.

— Nous récoltons des sangsues, c'est la richesse du pays.

— Tiens, vous avez des mines de sangsues... C'est égal, je suis très-contrarié. J'aurais désiré que ma réception fût entourée de quelque mise en scène. — Enfin, je me contenterai de quatre hommes et un caporal, et d'un salut de vingt et un coups de canon.

— Nous n'avons ni armée, ni canons, dit l'aubergiste. — Mais au fait, ajouta-t-il en indiquant à Colline un homme qui venait d'entrer, voici le valet de chambre du prince, vous pouvez vous entendre avec lui.

Le valet de chambre du prince alla porter à son maître la nouvelle de l'arrivée de Gustave Colline, envoyé extraordinaire du gouvernement français.

— Que diable peut me vouloir la République française ? dit le prince étonné. — Fritz, vous direz à ce monsieur que je le recevrai quand il voudra, et pour lui faire honneur, vous mettrez votre livrée.

Deux heures après, Gustave Colline, précédé d'un tambour qu'il avait loué, et qui battait aux champs, traversait la résidence de... dont les quatre-vingt-trois ou quatre-vingt-cinq habitants s'étaient mis aux fenêtres pour le voir passer.

Colline avait revêtu son grand costume officiel et portait admirablement son bel habit noir, à la française, enrichi d'une garniture de boutons neufs. Une brise joyeuse caressait mollement les poils de son magnifique chapeau de castor, orné d'une cocarde grande comme un carton de tir. Il portait sous son bras un immense portefeuille rouge, renfermant ses lettres de créance. De temps en temps, il saluait avec une grâce particulière les dames grêlées qui étaient aux balcons et semblaient admirer sa fière attitude. C'est ainsi qu'il arriva au palais, suivi d'un cortége de petits enfants, qui le prenaient pour un marchand d'images.

Le valet de chambre du prince faisait la haie sous le vestibule, et l'introduisit auprès de son maître.

Le prince fit à Son Excellence Gustave Colline un accueil très-amiable, et après avoir pris connaissance de ses lettres de créance, il dit à Colline :

— Monsieur l'ambassadeur, je suis très-honoré du choix que votre gouvernement a bien voulu faire pour le représenter à ce qu'il veut bien appeler ma cour. Je suis vraiment pénétré de ce procédé; et pour en témoigner ma reconnaissance, je vous prierai de vouloir bien me permettre de vous décorer de l'ordre de la Concorde.

— De première classe, dit Colline.

— De première classe, dit le prince, c'est un ordre que je me propose de fonder. En attendant, vous m'obligerez d'accepter mon hospitalité, demain nous parlerons des intérêts qui vous amènent ici. Et j'aime à croire que tout s'arrangera à l'amiable et à la satisfaction générale.

En ce moment, le valet de chambre vint annoncer M. le baron de Mouknikoff.

Un étranger habillé de vert et coiffé d'un chapeau tellement empanaché de plumes, qu'il ressemblait à une basse-cour, entra et vint saluer le prince.

— C'est l'envoyé russe, dit Colline, en frappant un appel du pied : attention...

Au bout de huit jours de résidence à la cour de... Gustave Colline était devenu l'ami intime du prince, et avait complétement renoncé à ses idées de propagande révolutionnaire. D'ailleurs, le terrain n'était pas propice. Les quatre-vingt-deux ou quatre-vingt-cinq habitants s'obstinaient à demeurer sous le régime barbare de la tyrannie. La familiarité entre le prince et Colline allait toujours croissant. Ils ne se quittaient presque plus, et passaient toutes les journées enfermés dans un cabinet où nul mortel ne pouvait pénétrer. M. Mouknikoff ne voyait pas, sans éprouver une vive jalousie, la faveur marquée dont Colline était l'objet de la part du prince, et ce Scythe farouche jura, par saint Nicolas, qu'il aurait la clef de ce mystère qui devait singulièrement intéresser la politique européenne. En conséquence, M. de Mouknikoff parvint à s'introduire dans la mystérieuse retraite où le prince et l'envoyé de la République s'enfermaient chaque jour, et, caché dans un coin, il pénétra le secret de leurs entretiens.

Son Excellence Gustave Colline démontrait au prince de... les beautés du jeu de piquet.

— Je commence à comprendre, disait le prince. C'est un jeu admirable.

— C'est à vous à parler, dit Colline, en arrangeant son jeu.

— Ah! ah!... dit le prince, prenez garde, monsieur l'ambassadeur... tenez-vous bien... j'ai une seizième majeure.

— A trèfle... dit Colline. Nous avons des personnes qui disent *trefolium*.

— *Trefolium*, je m'en souviendrai, répondit le prince, mais ce n'est pas tout, j'ai un quatorze d'as...

— Quatorze de boutons, reprit Colline.

— Ah! fit le prince, on dit boutons, je n'aurai garde de l'oublier... Seize et quatorze, trente. Oh! mais, ce n'est pas tout... j'ai quatre-vingt-dix, vous ne faites pas une levée, Excellence.

— Fichtre, dit Colline, je suis capot.

— Vous dites, dit le prince au comble de la

joie, j'ai gagné. Comment vous exprimer ma reconnaissance ? Permettez-moi de vous offrir le grand cordon de l'ordre de la Concorde...

— Je ferai observer à Votre Altesse qu'elle a déjà daigné me conférer le cordon de la première classe, répondit Colline.

— Il n'importe, fit le prince, ma reconnaissance n'a point de bornes. Vous serez chevalier de première et de seconde classe à la fois.

M. de Mouknikoff sortit de sa cachette très-satisfait, et écrivit à son gouvernement que le séjour de l'envoyé de la République à la résidence de... ne devait donner aucun ombrage à la Russie. Quelques jours après, en récompense de sa belle conduite, M. de Mouknikoff reçut, avec de nouvelles dépêches, une tabatière — de première classe.

Cependant, au bout d'un mois, Son Excellence Gustave Colline, n'ayant point reçu de nouvelles de son gouvernement, commença à trouver que sa mission était trop secrète et prit le parti d'écrire au ministère des affaires étrangères, pour lui demander ce qu'il avait à faire.

Or, comme le ministre qui avait signé la nomination de Colline avait, quelques jours après le départ de celui-ci, été remplacé par un autre homme d'État, ce fut son successeur qui reçut un matin la dépêche officielle de l'envoyé extraordinaire, laquelle était ainsi conçue :

« Résidence de... le   1848 — N° 1

» Son Excellence Gustave Colline, ambassadeur de la République française près la cour de... à M. le ministre des affaires étrangères.

» Citoyen Ministre,

» Selon les instructions que je n'ai pas reçues, mais que votre silence m'a suffisamment expliquées, je suis arrivé à la résidence de... avec l'intention d'y répandre à pleines mains les idées démocratiques dont nous avons donné une si glorieuse initiative; mais je n'ai pas trouvé le sol suffisamment préparé pour cette grande rénovation morale et politique dont j'eusse été fier d'arborer le premier le drapeau. Seulement, je me suis efforcé de combattre, autant que cela m'a été possible, l'influence que l'empire russe pouvait exercer dans cette principauté, par l'organe du marquis de Mouknikoff, espèce de diplomate anonyme, aux gages du czar. Ce personnage d'un mérite très-vulgaire, du reste, a été complétement coulé par moi, et à l'aide de petits moyens, qui me sont particuliers, je me suis fourré, j'oserai dire jusqu'au coude, dans la manche du prince, qui, honorant sans doute en moi le caractère officiel dont je suis revêtu, m'a déjà fait chevalier de l'ordre de la Concorde qu'il se propose de fonder. Je répéterai à M. le Ministre, qu'après une étude approfondie des lieux et des mœurs, je ne crois pas le moment encore venu pour fonder sur des bases durables la République dans la résidence de... Les quatre-vingt-deux ou quatre-vingt-cinq habitants qui forment la population de cette principauté sont attachés au principe monarchique par la glu honteuse de l'habitude.

» J'attends avec impatience, M. le Ministre, les nouveaux ordres qu'il vous plaira me donner.

» J'ai l'honneur d'être, avec le plus profond respect,

» Votre très-obéissant serviteur,

» GUSTAVE COLLINE,

» Chevalier de l'Ordre de la Concorde de 1re et 2e classe.

» P.-S. — La somme qui m'a été donnée à mon départ ayant été épuisée par les frais de voyage et de représentation, qui sont très-dispendieux, je serais fort reconnaissant, si M. le Ministre pouvait me faire parvenir quelques trimestres d'avance sur mes appointements. — Vive la République! »

En recevant cette dépêche, le ministre des affaires étrangères s'écria : « Quel est ce drôle qu'on a envoyé là-bas, et dans quel but l'at-on envoyé? » Et après quelques informations prises auprès de son chef de cabinet, le ministre expédia à Son Excellence Gustave Colline une instruction ainsi conçue :

« C'est par suite de l'incurie de la précédente administration de mon département que vous avez été envoyé à la résidence de... qui n'existe pas sur la carte politique. Vous êtes invité à revenir sur-le-champ. Seulement, pour motiver les fonds qui vous ont été comptés sur mon budget... avant votre départ, vous traiterez avec le prince de... d'un achat d'un million de sangsues pour les hôpitaux de Paris... A votre retour, on verra à vous procurer un emploi de surnuméraire. »

Quinze jours après, Son Excellence Gustave Colline arrivait à Paris, suivi d'une cargaison de sangsues ; à son départ, le prince de... avait répandu quelques larmes, et l'avait forcé à accepter le cordon de la Concorde de troisième classe.

LES

DERNIERS BUVEURS D'EAU

UN MOT D'INTRODUCTION

La Société des *Buveurs d'eau* n'était pas, comme on pourrait le supposer, une Société de tempérance. C'était une société composée de jeunes gens, qui, en se rencontrant dans les chemins perdus de l'art, s'étaient sentis mutuellement attirés les uns vers les autres par une communion d'idées sympathiques, et avaient cru se rendre leur dur noviciat plus facile à traverser en associant leurs espérances et leurs travaux.

Cependant tous les *Buveurs d'eau* sont morts

de la même maladie, d'une maladie à qui la science n'ose pas donner son véritable nom, — la misère.

Entraînés dans l'art plutôt par une fatalité homicide que par une vocation réellement puissante, ils sont morts ignorés comme ils avaient vécu. — Presque aux portes de la vie, car le plus âgé n'avait pas vingt-quatre ans, — morts sans rien laisser d'eux après eux, et pouvant répéter avec Escousse, qu'ils avaient le tort de prendre pour un grand poëte :

> Adieu, trop inféconde terre,
> Fléaux humains, soleil glacé,
> Comme un fantôme solitaire,
> Inaperçu, j'aurai passé.

Il en est dans les luttes de l'art à peu près comme à la guerre, — toute la gloire conquise rejaillit sur les noms des chefs. — L'armée se partage pour récompense les quelques lignes d'un ordre du jour. Quant aux soldats frappés dans le combat, on les enterre là où ils sont tombés, et une seule épitaphe suffit pour vingt mille morts.

De même aussi, la foule, après les avoir poursuivis toute leur vie d'acclamations et de couronnes, suit le deuil des grands triomphateurs de l'art, et les accompagne jusqu'aux portes des Panthéons ouverts par l'immortalité. Mais la foule, qui a toujours les yeux fixés vers ce qui s'élève, n'abaisse jamais son regard jusqu'au monde souterrain où luttent les obscurs travailleurs. Leur existence est inconnue ou méconnue, et sans avoir même la consolation de sourire un moment à une œuvre terminée, ils s'en vont de la vie, et meurent ensevelis dans un linceul d'indifférence.

L'histoire des *Buveurs d'eau*, ou plutôt les épisodes qui seront publiés sous ce titre, seront l'histoire de cette race d'obstinés rêveurs, pour qui l'art est resté une *Foi*, et non un métier, qui croient encore à la gloire, et la voient passer dans leurs rêves sous la figure d'une déesse, ayant le front couronné d'une auréole céleste, et tenant à la main le rameau de laurier.

Gens enthousiastes et convaincus, à qui la vue d'un chef-d'œuvre suffit pour donner la fièvre, qui résument tous leurs sentiments dans une seule passion,—l'art,—et ne font pas de concession à la nécessité. Pauvres gens que le ridicule insulte au dehors, que la misère assiége au dedans,—qui vivent mal et peu, et meurent, les uns idolâtres d'une chimère, les autres victimes d'un perpétuel accès d'orgueil.

Les voies de l'art déjà si encombrées et si périlleuses, malgré l'emcombrement et malgré les obstacles, ont été, ces dernières années, de jour en jour plus encombrées, comme on a pu s'en convaincre en visitant les musées, les bibliothèques et tous les lieux destinés à l'étude de l'art. Si on cherchait parmi toutes les raisons qui ont pu déterminer cette affluence, on pourrait peut-être trouver cette raison.

Beaucoup de jeunes gens ont pris au sérieux les déclamations faites à propos des artistes et des poëtes malheureux ; les noms de Gilbert, de Chatterton et de Moreau, ont été trop souvent et trop imprudemment jetés en l'air. On a fait de leur tombe une chaire du haut de laquelle on prêchait le martyre de l'art et de la poésie, — et ces funèbres apothéoses, ayant tout l'attrait de l'abîme pour les esprits faibles ou les vanités ambitieuses, beaucoup subissant cette fatale attraction, sont entrés dans l'art, persuadés que la pauvreté était la moitié du génie. Beaucoup ont ambitionné ce lit d'hôpital où Gilbert devint poëte un quart d'heure avant de mourir, pensant que c'était une étape obligée où il fallait s'arrêter pour arriver à la gloire.

Écrite par une plume qui aurait l'autorité nécessaire, l'histoire des *Buveurs d'eau* renfermerait au moins un enseignement.

Elle démontrerait combien sont faux et dangereux ces paradoxes, qui tendent à affirmer que la misère est un élément nécessaire au talent.

I

LE SIÉGE DE LA SOCIÉTÉ

Dans la rue du Cherche-Midi, en face l'hôtel des conseils de guerre, existe une grande maison composée de trois corps de bâtiments séparés par des cours, dont la dernière, parce qu'elle possède deux ou trois méchants arbres rabougris et quelques plantes maladives, comme presque toutes les végétations citadines, affiche de grandes prétentions au jardin. Le dernier de ces corps de logis, plus élevé que les deux autres, est composé de logements à bas prix, destinés spécialement à cette classe du peuple qu'on appelle les *petits locataires;* les étages supérieurs, particulièrement aménagés, sont disposés avec des systèmes de jour tels qu'on les pratique dans les ateliers d'artistes, — population très-nombreuse dans cette partie du faubourg Saint-Germain.

Un matin du mois d'octobre, le portier de cette maison, qui s'appelait M. Poquelin, exactement comme Molière, s'occupait à tailler les branches d'un malheureux petit arbre qui remplissait fort mal les fonctions de tilleul, lorsqu'il fut dérangé dans son travail par l'arrivée de deux jeunes gens, dont le costume attira d'abord son attention.

Ce costume bizarre, en effet, se composait d'une vareuse à capuchon, à la pointe duquel pendait une houppe ; d'un gilet, descendant jusqu'aux genoux, et d'un pantalon de forme dite cosaque, dont les plis nombreux ressemblaient à des tuyaux d'orgue. L'étoffe de ces vêtements n'était pas moins singulière que la forme ; — c'était une grossière futaine, faite avec les résidus des laines de mauvaise qualité, épaisse comme du tapis, rase comme du feutre, et dont la couleur indéterminée était un confus amalgame de toutes les nuances. — Tous deux étaient pareillement coiffés d'un béret roux, dont le disque fort large était à demi incliné sur leur tête. Sur leurs talons jappait un magnifique chien de chasse, qui paraissait doué d'un naturel curieux et sans gêne.

Ces deux jeunes gens étaient le président et le trésorier de la société des *Buveurs d'eau* : le peintre Lazare, surnommé *le Ténébreux*, à cause de son caractère silencieux et mélancolique, — et Valentin, dit *le Gothique*, à cause de ses sympathies pour le génie du moyen âge. Quant au chien, — ou plutôt à la chienne, car c'en était une, on l'appelait Diane, — Diane *aux pieds d'argent*, à cause de l'éclatante blancheur de ses pattes.

Lazare et Valentin avaient été délégués par les autres membres de la société pour se mettre en quête d'un logement, — dont ils avaient besoin pour l'heure. On verra pourquoi plus loin.

Quand il eut procédé à leur examen, M. Poquelin demanda aux jeunes gens ce qu'ils désiraient.

— Si j'en crois les discours de l'écriteau, dit Valentin, vous avez des logements vacants dans cet immeuble.

— Des ateliers, ajouta Lazare.

— Oui, messieurs, répondit le portier, j'ai un atelier avec deux chambres. Dam ! c'est un peu haut, au sixième, mais l'air est bon, le jour est beau. On aperçoit le chemin de fer et on a la commodité de savoir l'heure à l'horloge d'une fabrique voisine. En outre, les locataires de ce bâtiment ont la jouissance du jardin.

— Est-ce qu'il y a du gibier dans votre jardin? dit Valentin en voyant Diane qui se mettait en arrêt.

— Il y a les chats des voisins, répondit naïvement M. Poquelin, avec un gros rire.

A cette réponse, et sur un signe que lui fit Lazare, Valentin passa son doigt dans l'anneau fixé au collet de son chien et le retint auprès de lui.

— De quel prix est votre logement? demanda-t-il.

— De cent écus.

— Pouvez-vous nous le faire voir ?

— Certainement, répondit M. Poquelin en allant dans sa loge pour prendre la clef.

On monta six étages qui conduisaient à l'atelier.

Selon l'habitude des portiers, M. Poquelin vanta outre mesure la commodité du *local*. Il s'arrêta sur l'excellence des cheminées qui ne fumaient pas, et sur la grandeur d'une cave dépendante du logement.

Ces détails amenèrent sur les lèvres des deux jeunes gens un sourire dont le sens devait échapper à M. Poquelin.

—C'est assez convenable en effet, disait Valentin qui, penché à la fenêtre, admirait le vaste horizon ouvert à son regard ; immense ellipse, qui commençait aux collines de Montmartre, dont on apercevait le télégraphe, et se prolongeait jusqu'aux coteaux boisés de Meudon. Aux plans rapprochés s'élevait le dôme des Invalides, et, plus près encore dans le voisinage, les petits campaniles de la rue de Sèvres, dont les cloches égrenaient dans l'air les gammes de leurs sonneries. — Çà et là, pour rompre la monotonie des toits et des cheminées, quelques hauts peupliers, pareils à des fusées de verdure, s'élançaient dans l'air libre.

— Le jour est beau, la vue large ; nous serons ici comme aux avant-scènes pour voir les soleils couchants, dit Valentin. Seulement ça ne me paraît pas assez humide.

— Comment, pas assez humide ? fit M. Poquelin avec vivacité ; mais ça ne l'est pas du tout, humide ; au contraire, c'est sec comme un four.

— C'est ce dont je me plains aussi, continua

Valentin en examinant le logement. L'été, c'est une habitation de salamandre ; il y doit faire une température capable de rendre des degrés aux tropiques. En revanche, l'hiver, c'est un logis d'ours blanc, on est sous le pôle et il gèle à donner des engelures au marbre.

— Mais on fait du feu, dit M. Poquelin, il y a des cheminées ; on fait du feu.

— Vous avez trouvé ça tout seul ? Vous êtes malin, vous, dit Valentin. — Mais, au fait, continua-t-il en s'adressant à Lazare, ces cheminées, nous les boucherons, et en mettant des planches en travers, ça fera des armoires.

En écoutant ces projets, M. Poquelin croyait habiter un conte de fées.

— La chambre du fond est au nord, dit Lazare, les murs sont de pierre pleine ; il y fera frais pour la *glaise*. — En somme, quel est ton avis ? demanda-t-il à Valentin.

— Ça peut nous convenir, répondit celui-ci. Le seul défaut de ce bazar est d'être un peu petit.

— Ah ! ah ! fit le portier avec un accent de doute..., ça paraît petit parce que c'est vide..., quand il y aura des meubles... vous verrez... on est très-bien à deux, dans ce logement.

— Nous ne sommes pas deux, nous sommes six, quelquefois plus, dit tranquillement Valentin.

— Six, et même plus, s'écria avec terreur M. Poquelin, et en lui-même il ajouta : Que diable! quand on est un régiment, on loue une caserne... Mais si vous êtes si nombreux, reprit-il tout haut, il faut prendre le logement de 500 francs qui est au-dessous, il est plus grand du double ; six et même plus ! vous ne pourriez pas tenir ici avec un mobilier.

— Que cela ne vous inquiète pas, répondit Valentin, nous avons le secret des harengs, et nous saurons nous serrer dans cette caque.

— Ce logement nous convient tel qu'il est, dit Lazare, seulement nous voudrions emménager tout de suite.

— Mais c'est qu'il faut le temps d'aller aux informations, c'est l'usage, répliqua M. Poquelin; d'ailleurs il faut que je consulte le propriétaire... On n'emménage pas si vite ordinairement.

— Habite-t-il dans la maison, le propriétaire ? demanda Valentin.

— Oui, répondit M. Poquelin.

— C'est bien, alors, procurez-nous un dialogue avec lui, nous lui donnerons nous-mêmes les informations qu'il pourra désirer.

— Au fait, arrangez-vous, j'aime mieux ça, fit M. Poquelin.— Précisément, monsieur est en bas, je l'aperçois dans le jardin.

— Allez nous annoncer.

— Ces messieurs viennent pour louer le sixième, dit le portier.

— Monsieur, lui dit Valentin, le logement qu'on vient de nous faire voir nous plaît, seulement il faudrait que nous et nos amis, car nous sommes une petite famille, il faudrait que nous vinssions loger ici sur l'heure,

— Comment cela ? demanda le propriétaire.

— Voici le fait, monsieur, continua Lazare.— Nous sommes sans domicile actuellement. — Le propriétaire de la maison que nous habitons nous a seulement prévenus, il y a huit jours, qu'il avait besoin de notre logement, et, par suite de conventions particulières dans notre acte de location, nous étions obligés de tenir les lieux libres à première réquisition...

— Un de nos amis, qui habite avec nous, continua Lazare, s'était chargé de chercher un autre logement, mais comme c'est le garçon du monde le plus oublieux, il n'y a plus songé que ce matin, au moment même où notre propriétaire est venu voir si son logement était libre.— Il faut absolument que nous le quittions aujourd'hui. — Au reste, et pour nous faciliter une location prompte, notre propriétaire, que vous devez connaître, car il habite près d'ici, c'est M..., le facteur de pianos, offre de garantir notre loyer pour un terme ou deux.

— Je connais très-bien M..., dit le propriétaire. — Je vais le voir avec vous... et vous pourrez emménager quand il vous plaira.

Deux heures après, M. Poquelin vit arriver ses nouveaux locataires, ils étaient tous vêtus comme les jeunes gens qui étaient venus louer le matin. A trois ou quatre fois, il les vit passer dans la cour, ployés sous d'énormes fardeaux qu'ils allaient prendre dans de petites voitures à bras, amenées par eux-mêmes. L'œil collé à la vitre de sa loge, M. Poquelin examinait ce rapide emménagement, et s'étonnait de ne voir aucun meuble. Une fois les voitures vidées, on retourna les charger à l'ancien domicile. M. Poquelin compta trois voyages ; au dernier, il aperçut quelque chose ayant forme de lit, ainsi que plusieurs squelettes de meubles, dont un commissaire-priseur eût été fort embarrassé de déterminer précisément le sexe et l'âge. Au milieu de ce fantôme de mobilier, M. Poquelin remarqua particulièrement un fauteuil, dont le fond éventré laissait fuir ses entrailles de bourre et de crin.

— Ah! voilà une bergère, s'écria-t-il, et il ajouta, en faisant allusion aux nouveaux locataires :

— Si c'est des princes... ils sont bien déguisés.

Les *Buveurs d'eau* passèrent toute la soirée et une partie de la nuit, qui suivit leur emménagement improvisé, à s'installer dans leur nouveau domicile.

La pièce principale, disposée en atelier, était purement et simplement un atelier renfermant les objets classiques et connus, nécessaires aux peintres et aux sculpteurs, mais rien de plus. Aucun de ces accessoires d'ornement qu'on trouve dans certains ateliers-salons, et qui font trébucher la curiosité du bourgeois ébahi, d'étonnement en étonnement. Ni vieilles tapisseries, ni vieilles armes rouillées dans la poussière des champs de bataille ou dans le sang des meurtres historiques, ni verreries multicolores et étincelantes où vient rire la lumière, ni fétiches des cultes fossiles, ni émaux, ni poteries, ni animaux empaillés, et surtout point de tête de mort servant de pot à tabac, et de bouteille servant de chandelier, comme cela se voit seulement dans les inventaires d'ateliers des romans passés de mode.

Lazare avait pour système qu'un atelier où l'on travaille ne doit pas ressembler à une boutique de bric-à-brac, et appelait toutes ces choses des nids à distractions et à poussière. Au reste, ces sortes de curiosités ont généralement une valeur vénale, et le peu que les *Buveurs d'eau* avaient pu en posséder était depuis longtemps disparu de chez eux, emporté par les doigts crochus de la nécessité.

Cependant l'atelier n'était pas, et ne pouvait être absolument dénué de choses d'art. — Sur un rayon qui régnait tout autour de la salle, se trouvait d'abord toute la collection des plâtres d'étude surmoulés, d'après l'antique. On remarquait aussi deux sculptures gothiques moulées dans une chapelle de la cathédrale de Dijon. — C'étaient une figure d'apôtre et une figure de diable, taillées par les ouvriers du moyen âge avec cette naïveté qu'on retrouve quelquefois de nos jours dans les imageries d'Épinal. Aucun exemplaire de ces statuettes n'existait dans le commerce. Sur une autre face de la muraille se détachaient deux toiles bordées d'une simple baguette de sapin. Deux copies de premier ordre, d'une grande valeur artistique toutes deux, et représentant : l'une *la Joconde* de Léonard de Vinci, l'autre *le Jeune Homme accoudé*, qui passe pour être le portrait de Raphaël peint par lui-même. Entre ces deux toiles, et dans un cadre d'ébène, un portrait de femme, caché sous un morceau de gaze, dont la transparence laissait voir un visage jeune, mais creusé de ces rides profondes et précoces qui font ordinairement des ornières à larmes. Au-dessus de ce cadre était fixée une branche de cyprès déjà sèche ; au-dessous, et placé sur une console, un buste, demi-nature, représentait la même figure que le portrait, mais avec toutes les grâces juvéniles d'une jeunesse immaculée.

Ce qui attirait surtout le regard, c'était sur un pan de muraille, tendu d'un morceau d'étoffe verte, le moulage entier d'un corps de femme.— Par un prodigieux travail on était parvenu à opérer ce moulage en deux seuls fragments, qui, rejoints après coup, donnaient une exacte copie de l'admirable figure de Sirène, qu'on voit nager autour de la barque royale, dans l'un des tableaux de l'histoire des Médicis peinte par Rubens.

Le corps jeune et vivace qui s'était prêté à cette douloureuse opération n'y avait survécu que peu de temps. Cette histoire devrait trouver sa place dans cette série : c'est un des crimes commis par l'égoïsme de l'art, qui exploite jusqu'à la passion.

Tel était le mobilier artistique de cet atelier.— Quant aux meubles *meublants*, l'huissier appelé à les saisir les aurait résumés dans ce seul mot, — néant, — qui conclut ordinairement les procès-verbaux dits de carence.

Ainsi que Valentin en avait émis le projet en venant louer la veille, la cheminée, dans laquelle on avait pratiqué deux étages de planches, était transformée en armoire : — c'était un antre où s'amoncelaient, dans le pêle-mêle du hasard, toutes les choses sans nom, pour la désignation générique desquelles les rapins ont inventé le mot *bibelot*, — un néologisme qui doit sans doute être retenu longtemps en quarantaine au lazaret du dictionnaire.

Au milieu de la salle, et pour remplacer la cheminée condamnée, comme convaincue de connivence avec les marchands de bois, on avait placé un modeste calorifère de petite dimension, et qui, après expérience, avait été reconnu doué d'une grande sobriété de combustible. — On y faisait la cuisine les jours où il plaisait à Dieu.

L'une des autres chambres, spécialement destinée à l'habitation, renfermait les quelques pièces du mobilier éclectique des Buveurs ; un marchand, ivre de générosité et d'ignorance en matière commerciale, aurait pu offrir quinze francs du tout, et il ne l'aurait pas revendu douze. — Les chaises, dont pas une ne se ressemblait, étaient toutes amputées de quelques membres, et semblaient posséder cette maladie de tressaillements qu'on appelle, je crois, la danse de Saint-Guy. — Cette pièce contenait aussi la bibliothèque, — les archives de la société, — le garde-manger et la caisse, — des objets d'art, souvent. — Dans l'un des angles du fond était un immense rocher, composé de pains de terre glaise encore ruisselants des immersions quotidiennes qu'on leur faisait subir pour les entretenir dans un état malléable.

Sur la porte de cette pièce qui était l'asile ordinaire des poëtes de la bande, Valentin avait coloré un écusson, orné de différents attributs des muses. — Au milieu était une inscription où on lisait en lettres de fantaisie :

Boudoir de la rêverie.

C'est dans ce boudoir que se trouvait la fameuse bergère, dont la vue avait si profondément ému M. Poquelin. — Ce fauteuil, le seul siége qui possédât un équilibre sérieux, revenait en jouissance et à tour de rôle, à chacun des Buveurs d'eau. — Lazare avait souvent eu l'idée de le brûler à cause des querelles sans fin que sa possession occasionnait, surtout entre le poëte Olivier et le peintre Stanislas, surnommé Cadmium.

La troisième pièce,—et la plus curieuse,—servait de dortoir commun. Au premier abord, elle offrait l'aspect d'un entrepont de navire, trois hamacs en grosse toile s'y balançaient, suspendus par des cordes passées dans des anneaux de fer solidement scellés au mur.

Au-dessous de ces lits aériens, se trouvait une affreuse couchette dont le bois peint avait jadis servi de phalanstère à des populations d'insectes domestiques, et qui poussait des grincements plaintifs quand on la touchait seulement du bout du doigt. Le lit se composait d'un matelas dont la laine s'évaporait en poussière quand on voulait la remuer, et d'une paillasse artistement brodée à jour par la dent des souris.

Les draps étaient d'une toile jaune et rugueuse comme de la peau de chagrin, et qui devait râper l'épiderme. Couchée dans ce lit, une statue un peu délicate y aurait eu les os rompus. Juste au-dessus de ce lieu de repos, et en guise de ciel, les arachnides, hôtesses du plafond, avaient établi leurs Gobelins. Néanmoins, ce lit était réservé aux deux sybarites de la société, — Olivier et Cadmium, — qui se battaient tous les soirs à qui n'aurait pas la ruelle.

Sur un autre matelas, posé à nu sur le carreau froid, dormait l'austère Lazare, — le président de la société.

L'atmosphère qui régnait dans cette chambre était littéralement à couper au couteau.

Cette lamentable pauvreté était pourtant le moindre souci des *Buveurs d'eau*, et Valentin, qui n'avait pas assez de plaisanteries contre le misérable mobilier, répétait souvent :

Ni l'or ni *l'acajou* ne nous rendent heureux.

Ce qui les rendait heureux, les uns et les autres, c'était bien peu de chose, pourtant ; et, comparé à ce qu'ils souhaitaient, le plus indigent bien-être eût été une opulence. — Cependant, le peu qui aurait suffi aux membres de cette association, où l'on considérait le pain blanc comme du superflu, leur a presque toujours manqué, et toutes les fois qu'ils l'ont obtenu, ce fut des mains du hasard, — car ils vivaient trop solitaires et trop cachés pour être aperçus de la Providence. Pauvre vieille divinité que l'ingratitude des hommes a rendue insoucieuse et lente, et qui, maintenant, pareille à la garde accourant lorsque le meurtre est accompli, arrive trop tard et quand ses secours sont inutiles.

A l'époque où le siége de la société venait de se transporter aux lieux que j'ai décrits, les *Buveurs d'eau* jouissaient d'une certaine prospérité. — Quinze jours avant leur installation dans cette maison de la rue du Cherche-Midi, le poëte Olivier, le plus jeune de tous, et qui était dans toutes les ardeurs d'un néophyte de l'art, s'était volontairement exilé de la maison paternelle, et avait versé dans la caisse sociale une somme de quatre cents francs, que son père lui avait envoyée, enveloppée dans sa malédiction. Cette somme n'était que le quart de ce qui revenait à Olivier sur la succession de sa mère; mais, pour l'arracher à son père, — il lui avait donné quittance du tout, — encore bien heureux de l'usure paternelle.

Sans en distraire un sou, Olivier apporta ce trésor à ses amis ; — c'était la manne tombant au milieu des Hébreux affamés.

Sur-le-champ, on ouvrit un conseil pour l'emploi de cette fortune inespérée.

Une somme fut employée à éteindre les dettes amassées.

Une autre fut appliquée aux besoins les plus pressants, et ils étaient nombreux, car, pendant de longs jours, on avait vécu dans un dénûment profond.

D'abord on profita d'une excellente occasion qui se présentait pour se vêtir à bon marché. On acheta à l'un des commis d'un magasin en faillite une certaine quantité de toile grossière, mais éternelle, d'où chaque *Buveur d'eau* tira un habillement complet, — lourde et chaude cuirasse contre les neiges et les brises de l'hiver qui s'approchait. Profitant des avantages qu'offrent les payements au comptant, la société acquit en gros toutes les choses nécessaires à ses travaux et dont les prix se dédoublaient, pris au détail. On renouvela les outils usés, on regarnit les boîtes à peindre. Par ses intrigues et l'influence de sa persévérante douceur, le peintre Stanislas se fit adjuger seize francs à lui seul, pour acheter deux onces de *cadmium*. Le très-grand usage qu'il faisait de ce jaune particulier lui en avait valu le surnom, et le manque de cette couleur, beaucoup plus chère que toutes les autres, servait souvent de prétexte à la paresse de Stanislas, — ce que voyant, Lazare voulut en avoir le cœur net et lui en fournit une provision. Les *Buveurs d'eau* avaient découvert dans le faubourg Saint-Jacques un épicier qui avait pour spécialité de vendre des marchandises avariées, et qui, pouvant offrir d'immenses rabais, faisait une rude concurrence aux marchands d'alentour.

Ceux-là avaient beau dire aux consommateurs :
— N'allez point là-bas, c'est de la mauvaise mar-

chandise, — les pauvres gens de ce pauvre quartier répondaient : — Nous le savons bien, mais qu'y faire, cela ne fait pas mourir, et coûte moitié moins qu'ailleurs. Aussi venait-on de loin à cette boutique, — comme on accourt de tous les points de Paris aux gourmandises raffinées de Corcelet. — La fermeture de ce petit bazar, dont l'industrie avait été signalée à la police, causa un grand deuil, et à compter de ce jour, beaucoup de vieilles femmes du quartier se privèrent de sucre dans leur café.

Ce fut là que les *Buveurs d'eau* firent leur provisions de vivres de toute nature, une cinquantaine de boisseaux de pommes de terre, un banc de harengs, des légumes secs, des pâtes à soupe, de l'huile à brûler, des chandelles, etc., etc. On passa un marché avec la cantine d'une caserne voisine, qui devait fournir chaque jour une certaine quantité de pains de munition ; enfin, le grenier d'abondance était suffisamment garni. Ainsi approvisionnée, la société avait devant elle deux mois d'existence assurée, deux mois de travail, sans aucune préoccupation de vie matérielle.

C'était la terre promise.

Cette vie durait déjà depuis trois ans, et il n'y avait aucune raison probable pour qu'elle changeât.

On comprend facilement que, soumises à un pareil régime, les plus robustes organisations devaient y périr au bout d'un temps donné.

Ce fut aussi ce qui arriva.

Les *Buveurs d'eau* se virent tous partir les uns les autres, et s'accompagnèrent jusqu'au dernier au lieu d'où l'on ne revient pas. La mort était sur eux, ils le savaient, mais pareils aux soldats qui, au plus fort de la bataille, voient tomber leurs voisins autour d'eux, sans rompre les rangs, ils ne quittaient point cette voie meurtrière où le reste de leurs pas était compté. Aucun d'eux n'essaya de se soustraire au destin commun. — Ils ne poussèrent ni cris ni plaintes, et se bornaient seulement à dire chaque fois que la mort venait diminuer leur nombre :

A qui le tour, maintenant ?

Cet héroïsme, qui pourrait à un certain point de vue paraître ridicule, était chez la plupart de ces jeunes gens le résultat d'un orgueil invulnérable à tous les conseils de la raison.

S'ils l'eussent voulu, tous auraient pu échapper à ce dénoûment fatal qui venait brusquement clore leur vie, à un âge où d'ordinaire la vie ne fait que commencer.

Il leur aurait suffi pour cela de quelques concessions faites aux dures lois de la nécessité. — Il leur aurait suffi, pour cela, de faire ce qu'ont fait souvent ceux-là qui font briller les plus beaux blasons de l'art au soleil de la célébrité, c'est-à-dire de dédoubler leur nature, d'avoir en eux deux êtres : l'artiste-poëte, — rêvant toujours sur les hautes cimes où chante le chœur des voix inspirées — et l'homme, ouvrier de sa vie, sachant se pétrir le pain quotidien. Cette dualité existe presque toujours et est un des caractères distinctifs des natures bien trempées, — elle existait peut-être chez les *Buveurs d'eau;* — malheureusement, ils s'étaient volontairement emprisonnés dans l'arbitraire d'un des articles de l'acte de société. Cet article, discuté longtemps, et adopté par chacun d'eux avec une sérieuse solennité, était ainsi conçu :

« Aucun des *Buveurs d'eau* ne pourra, sous aucun prétexte et sous peine de radiation de la société, accepter aucun travail exclusif de l'art pur. »

En signant cet article, tous les *Buveurs d'eau* venaient de signer leur condamnation à mort.

Tels étaient les personnages que les lecteurs retrouveront dans ces petites histoires, dont la série pourrait s'appeler : *Épisodes de la vie de misère* [1].

---

[1]. Ces épisodes ont été réimprimés dans les *Scènes de la vie de jeunesse.* On se souvient que Henry Murger a écrit, depuis la publication de ces lignes, un livre intitulé : *les Bu-*

veurs d'eau. Il tenait beaucoup à ce titre, ainsi qu'on en peut juger par la lettre suivante, qu'il adressait au journal *l'Événement* du 4 octobre 1848, avant la publication de ces pages dans les numéros des 21 et 22 novembre 1848 :

« Monsieur le Directeur,

» J'apprends, par un journal de théâtre, qu'on répète en ce moment aux *Variétés* une pièce intitulée : *les Buveurs d'eau*. Ce titre est celui d'un ouvrage que vous avez annoncé, et que je dois prochainement publier dans *l'Événement*. J'ignore quel est le sujet de la pièce qu'on prépare aux *Variétés*, mais il y a six semaines que je me suis déjà servi du titre : *les Buveurs d'eau*. Désirant en conserver l'initiative, je vous prie de vouloir bien insérer ces quelques mots dans un de vos prochains numéros.

» Agréez, etc.)
» Henry Murger. »

Les pages, auxquelles Murger fait allusion dans cette lettre, avaient en effet paru dans *le Corsaire* du 29 août, environ six semaines auparavant ; elles servaient d'Introduction à la deuxième partie du *Manchon de Francine* (*Scènes de la vie de bohème*), publiée sous le titre de : *Comment on meurt dans la bohème*. Cette préface n'ayant pas été reproduite complétement en volume, nous croyons bien faire de la donner ici en son entier. Quelques lignes seulement en ont été introduites, ainsi qu'un fragment de l'article précédent, dans la préface des Scènes de la vie de bohème.

Note des Éditeurs.

II

COMMENT ON MEURT DANS LA BOHÊME

J'ai raconté une fois les amours du sculpteur Jacques avec une jeune fille appelée Francine [1], qui mourut poitrinaire avant d'avoir vingt ans ; je raconterai aujourd'hui de quelle mort et comment mourut le sculpteur Jacques.

Si jusqu'ici l'on n'a pas vu plus souvent ce nom mêlé aux noms de ceux dont j'ai essayé d'esquisser la vie aventureuse, c'est que le sculpteur Jacques appartenait à un autre cénacle, intitulé la société des *Buveurs d'eau*. Cette so-

1. Première partie du *Manchon de Francine* dans les *Scènes de la vie de bohème*.

ciété, bien qu'elle fût également composée de jeunes gens qui marchaient dans les diverses carrières de l'art, différait essentiellement comme mœurs et comme principes de la société des Bohèmes que nous connaissons.

Et ici qu'on me permette une courte digression.

Il existe dans les arts et dans les lettres deux sortes de bohème. L'une, qu'on pourrait presque appeler *officielle*, parce que ceux qui en font partie ont constaté publiquement leur existence, qu'ils ont signalé leur présence dans la vie ailleurs que sur un registre d'état civil, qu'enfin, pour employer l'expression de l'un d'eux, — leurs noms sont sur l'affiche. — En effet, ces bohémiens-là sont connus sur la place artistique et littéraire, et leurs produits, qui portent leurs marques, y ont cours, — à des prix modérés, il est vrai.

Tout homme qui, poussé par une vocation obstinée, entre dans l'art sans avoir d'autre moyen d'existence que l'art lui-même, sera forcé de passer par les sentiers de la bohème. Mais n'est pas propre qui veut à mener cette vie. Elle effarouche au premier abord les volontés timides, les esprits timorés, enfin, toutes les natures qui ne sauraient faire un pas sans consulter le catéchisme de la routine.

Pour arriver à leur but, qui est parfaitement déterminé, tous les chemins sont bons et les bohèmes savent mettre à profit jusqu'aux accidents de la route. L'esprit, toujours tenu en éveil par leur ambition qui bat la charge devant eux, et les pousse à l'assaut de l'avenir, ombre ou soleil, pluie ou poussière, rien n'arrête ces hardis aventuriers dont tous les vices sont doublés d'une vertu. Sans relâche en butte avec la nécessité, leur invention, qui marche toujours mèche allumée, fait sauter l'obstacle si vite qu'à peine il les gêne. Leur existence de chaque jour est une œuvre de génie, un problème quotidien qu'ils parviennent toujours à résoudre à l'aide d'audacieuses mathématiques. Ces gens-là, qui auraient su trouver des truffes sur le radeau de *la Méduse*, savent aussi pratiquer toutes les abstinences avec la vertu d'un anachorète. Mais qu'il leur tombe un peu de fortune entre les mains, vous les voyez aussitôt cavalcader sur les plus vaines fantaisies, — aimant les plus jeunes et les plus belles, buvant du meilleur et du plus vieux, et ne trouvant pas assez de fenêtres par où jeter leur argent. — Puis, quand leur dernier écu est mort et enterré, ils recommencent à dîner à la table d'hôte du hasard, où leur couvert est toujours mis. Ou bien ils rentrent dans leur solitude, s'enferment dans la paresse qu'ils appellent le baudrier du travail, se balançant sur l'escarpolette de la rêverie, et tout en faisant ce métier de Sara la baigneuse, préparent quelquefois leur discours de réception à l'Académie française.

Ils savent tout et vont partout, — selon qu'ils ont des bottes vernies ou des bottes crevées. —

On les rencontre accoudés à la cheminée d'un salon, — ou accoudés sur les tables des guinguettes dansantes. — Ils ne sauraient faire dix pas sur le boulevard sans rencontrer un ami, et trente pas, n'importe où, sans rencontrer un créancier.

Telle est cette vie de bohème, méconnue par les puritains du monde, décriée par les puritains de l'art, insultée par les médiocrités craintives et jalouses qui n'ont pas assez de clameurs, de mensonges et de calomnies pour étouffer les voix et les noms de ceux qui arrivent dans ce vestibule de la célébrité, en attelant l'audace à leur talent.

Vie de patience et de courage, où on ne peut marcher que recouvert d'une forte cuirasse d'indifférence, à l'épreuve des sots et des envieux ; où, si l'on ne veut pas trébucher en chemin, on ne doit pas quitter un moment l'orgueil de soi-même, qui vous sert de bâton d'appui. Vie charmante, — et vie terrible, — qui a ses victorieux et ses martyrs, et dans laquelle on ne doit entrer qu'en se résignant d'avance à subir l'implacable loi du *vœ victis!*

Les individus dont j'ai parlé jusqu'ici faisaient partie de cette bohème.

Les *Buveurs d'eau*, au contraire, se rattachaient à la bohème qu'on pourrait appeler *ignorée*. — J'entends par là l'existence des artistes pauvres, qui, fatalement condamnés à l'incognito, s'en vont de la vie sans laisser de trace. Parce qu'ils n'ont pas pu, — ou n'ont pas su — trouver un coin de publicité pour attester leur existence dans l'art, et par ce qu'ils étaient déjà, prouver ce qu'ils auraient pu être un jour.

Le sculpteur Jacques faisait partie de cette bohème.

LES
PROPOS DE DESSERT
DU
SOUPER DE VALENTIN

Ce soir-là on donnait, sur un des théâtres du boulevard, la première représentation d'un de ces mélodrames à spectacle sur lesquels le rideau ne tombe ordinairement qu'à l'heure où le jour se lève. Toutes les ruses qui peuvent préalablement exciter la curiosité avaient été mises en œuvre. Il y avait eu un faux procès convenu d'avance entre l'administration et la jeune première, qui refusait de jouer avec le père noble, qui était son mari, sous le prétexte qu'il la maudissait trop souvent pendant le cours de l'action, et que ses malédictions trop énergiques lui faisaient des bleus de nature à la compromettre auprès de son amant.

Les petits journaux et les feuilles spécialement dramatiques avaient publié sur le compte du premier rôle une série d'anecdotes galantes, qui faisaient de cet honorable artiste un personnage désigné d'avance à la vorace indiscrétion des jumelles féminines.

A ces incidents on avait ajouté un duel de fantaisie entre le comique et le financier qui, à la suite d'une discussion très-vive sur la préséance d'emploi, avaient échangé chacun trois coups de pistolet, qu'on avait eu la précaution de faire charger par un témoin, élève de Robert Houdin, lequel témoin avait oublié de mettre des balles pour ne pas déranger la précision du tir.

La pièce était en outre attribuée à un auteur

qui avait la renommée des situations palpitantes.

A un critique qui lui disait un jour :

— Vos sujets de drame sont nouveaux comme le Pont-Neuf.

Cet homme habile avait répondu :

— Le Pont-Neuf a beau être vieux, — on passe toujours dessus.

Ce mot spirituel eut les honneurs de l'impression ; il fut ajouté au répertoire des mots de M. de Talleyrand, d'où les Allemands le traduisirent pour l'ajouter au répertoire de M. de Metternich.

En Russie, la croyance populaire l'attribue à M. de Nesselrode.

L'administration du théâtre, voulant ne rien négliger, avait apporté un soin particulier dans la composition de l'affiche, qui était un véritable chef-d'œuvre typographique. — On ne pouvait pas la lire.

Par un droit résultant d'une clause particulière

de son engagement, le premier rôle avait fait dessiner, par un peintre fantaisiste, les lettres qui devaient servir à l'impression de son nom, et cette recherche originale avait nécessité une fonte spéciale de caractères.

Au reste, le nom de l'artiste ainsi imprimé n'attirait pas seulement l'œil, — il le crevait.

Toutes ces combinaisons avaient amené le résultat qu'on s'en était promis. — Le soir de la première représentation, tout Paris était au théâtre.

On a appelé, à Paris, tout Paris, cette collection de dix-huit cents à deux mille individus, toujours les mêmes, qui composent ce qu'on dénomme le public des premières.

Le jour où un théâtre donne un spectacle nouveau, aucune puissance humaine ne pourrait retenir ces gens-là chez eux. — On mettrait sur l'affiche un avis ainsi conçu : Par suite de précautions prises par l'architecte, la salle s'écroulera pendant un entr'acte, — on ne compterait pas un spectateur de moins. Il en est même qui consentiront à faire les plus grands sacrifices pour ne pas manquer à cette solennité.

Exceptionnellement, ils payeront leur place.

En résumé, si cette minorité friande de primeurs dramatiques a l'instinct tyrannique des minorités, si elle est difficile à satisfaire, si elle porte avec une hauteur dédaigneuse des jugements peu réfléchis de tous les éléments divers dont elle se compose, il se dégage souvent une opinion que la majorité du public adopte facilement. Ce jour-là, *tout Paris* s'était montré clément pour l'œuvre nouvelle.

Dès les premiers actes, les malheurs de la vertu persécutée avaient ému les loges habitées par des femmes forcées pour la plupart de recourir aux renseignements du dictionnaire, lorsqu'une circonstance indépendante de leur volonté les oblige à paraître comprendre la signification du mot *vertu*. Quelques mouchoirs sincèrement humides avaient flotté aux galeries. Or, l'apparition d'un mouchoir pendant un mélodrame indique que le spectateur renonce au droit de critique et qu'il se rend à l'auteur. Une salle qui se mouche amène son pavillon.

Devant cette apparence de succès, le secrétaire de l'administration rédigea, pour l'envoyer le soir même aux journaux qui devaient paraître le lendemain, une *note* destinée à lancer la pièce. Par suite d'une clause particulière de son engagement, le premier rôle exigea qu'on introduisît dans la réclame une phrase dans laquelle il était constaté qu'il avait doublé *le cap du sublime*. Bien qu'il eût trouvé cette formule laudative un peu tempérée et trop géographique, il l'avait néanmoins payée deux cigares à un petit poëte sans ouvrage qu'il employait en outre à la tenue de livres de ses bonnes fortunes.

Vers deux heures du matin, quand le bouquet final des reconnaissances eut éclaté, quand l'ingénue eut miraculeusement retrouvé la croix de sa mère qui lui était indispensable pour ouvrir le coffre-fort où se trouvaient les papiers constatant sa haute naissance ; lorsque la morale eut été satisfaite par la confusion du traître, qui pendant cinq actes avait jonglé avec les articles les plus dangereux du Code pénal ; lorsque le premier rôle eut ramassé le Quai aux Fleurs, que l'on devait, suivant une clause de son engagement, jeter à ses pieds après chaque création nouvelle, tout Paris, ayant demandé son paletot et son châle, sortit du théâtre et se répandit bruyamment sur le boulevard.

Parmi les spectateurs qui se retiraient en devisant de la pièce nouvelle, il se trouvait un groupe de trois individus appartenant tous trois au monde des arts et des lettres. Peu soucieux de rentrer chez eux (dans le nombre il en était un qui n'avait pas de chez lui), ils avaient formé le projet d'aller à frais communs terminer la nuit dans l'un des établissements ouverts au noctambulisme affamé.

Comme ils arrivaient devant l'un des principaux restaurants du boulevard, les trois personnages se désignèrent mutuellement la fenêtre brillamment éclairée d'un cabinet particulier d'où s'échappaient de mâles éclats de voix et des fusées de rires féminins mêlés à tous les bruits joyeux qui sont le finale ordinaire des soupers où l'on a oublié de mettre le couvert de la morale.

— Messieurs, dit l'un des trois hommes, lequel de nous trompe-t-on là-haut ?

— Il me semble reconnaître la voix de Laurence, fit le second.

— Alors, on nous trompe tous, interrompit en riant le troisième.

— Tu l'as dit, mon vieux, s'écria un nouveau personnage qui venait tout à coup d'apparaître derrière les trois interlocuteurs. On nous trompe tous, et quelques-uns de plus; et après avoir échangé une triple poignée de main avec le trio, il ajouta machinalement :

— Vous allez comme ça ?

— Le mélodrame de *Chose* nous a affamés comme des naufragés, nous allons disséquer une volaille froide et casser le cou à quelques flacons de Bordeaux. Veux-tu faire le quatrième ?

— Oui, mais à la condition que le poulet sera une bécasse, et que le bordeaux sera du bourgogne.

Celui qui parlait ainsi se nommait Valentin. Après avoir passé les quinze plus belles années de sa vie à verser des tonneaux d'encre sur des rames de papier, il était enfin parvenu à vendre son papier noirci un peu plus cher qu'il ne l'avait acheté tout blanc. Déjà voisin de la quarantaine, il commençait seulement à connaître l'heure autrement que par la hauteur du soleil ; il accomplissait ses repas avec une certaine régularité, et comme il ne gîtait plus dans les hasardeuses hôtelleries tenues par la Providence, il avait une sensible vénération pour les huissiers. Seulement, depuis qu'il pouvait s'asseoir dans un fauteuil à lui, il avait pris du ventre. Sa littérature en prenait aussi.

Le second convive s'appelait Melchior. C'était

un de ces poëtes jouvenceaux qui font des *ronds* dans le *lac* de M. de Lamartine, en y pleurant des larmes puisées aux sources les plus désolées du dictionnaire des Rimes. Il passait sa vie à compromettre les étoiles dans des élégies improvisées pour les salons de *bas-bleus* où l'on joue encore de la harpe, et se créait une réputation littéraire inoffensive en imprimant annuellement, à ses frais, un petit recueil de romances et de madrigaux. Ces bonbonnières poétiques étaient ordinairement dédiées aux altesses et souveraines de ces petits États qui pourraient tenir sur une étagère, et qui entretiennent la splendeur de leur cour en ouvrant pendant la belle saison une table d'hôte à l'Europe touriste. Ces dédicaces avaient été récompensées par une collection de rubans qui donnaient au revers de son frac l'apparence d'un spectre solaire d'où le rouge serait absent.

Melchior professait un souverain mépris pour tous les écrivains en prose. Il était convaincu d'être un des plus grands lyriques modernes, et il faisait le signe de la croix quand on prononçait devant lui le nom de Pétrarque, dont il prétendait avoir acheté le fonds.

Sa Laure était une femme semi-séculaire, qui tenait une sorte d'hôtel de Rambouillet, ouvert à toutes les gloires départementales. Il y avait un vestiaire pour les lyres, et, dans les grandes occasions, on y servait un thé d'origine douteuse, dont il eût été de mauvais goût de redemander deux fois.

Melchior avait vingt-cinq ans, ce que les signalements des romanciers appellent « un extérieur agréable », et il possédait une petite rente qu'il espérait bien marier avec une grosse dot.

Le troisième convive était un de ces mille jeunes gens, qui, dans le nombre des héros dont Balzac peuple sa comédie humaine, ont choisi la Palférine pour leur type de prédilection, comme le chevalier de Rusticoli, son patron. Sa patrie était le boulevard. Parisien par excellence, il ne pouvait vivre que dans l'atmosphère parisienne.

L'air de la campagne l'aurait asphyxié. Un jour qu'on l'avait invité à une noce chez *le Père La-thuile*, aux Batignolles, il avait été pris d'un accès de nostalgie foudroyante après le premier service, et il était reparti ayant à peine eu le temps d'obtenir pour le lendemain un rendez-vous de la mariée. Charmant garçon d'ailleurs, parlant admirablement cette langue du lieu commun qui est un passe-partout social, poli comme une révérence, égoïste comme le dieu Je, et prenant la vie pour un banquet où il ne voulait manger que du dessert, goût particulier qui l'obligeait le plus souvent à dîner en ville.

Il s'appelait Philippe Leriche, et peu satisfait de porter un nom qui semblait être une ironie du hasard, il s'occupait activement à trouver dans le chartrier bourgeois de sa famille quelque mésalliance adultérine dont il pût se faire une échelle pour remonter aux croisades.

Le quatrième compagnon était un feuilletoniste en menus propos de coulisse et de salon;

il devait savoir par état tout ce qui s'y dit ou ne s'y dit pas, tout ce qui s'y fait ou pourrait se faire.

Il avait acquis une notoriété dans cet art où le génie d'Homère serait superflu, et ses indiscrétions étaient fort goûtées des curiosités parisiennes qui aiment à coller leur oreille à la serrure d'autrui. Il était aussi dangereux de le laisser rôder autour qu'il est imprudent de laisser un chat s'approcher d'une tasse de lait. Au reste, il avait toujours une goutte d'encre au service d'un ami; mais on n'abusait pas de ses complaisances, sachant bien qu'il n'avait pas l'habitude d'écrire avec de l'encre sympathique. Il se nommait Picard, comme un cocher, et se le tenait pour dit par ses ancêtres.

Cinq minutes après leur rencontre, les quatre convives étaient installés dans un de ces cabinets particuliers qu'on retrouve partout. Tentures en papier rouge velouté, historié d'arabesques gaufrées. Divan capitonné et cousin du sopha de

Crébillon. Glace illustrée d'emblèmes, de rébus, d'initiales mariées, de dates commémoratives et d'inscriptions étrangères aux savants travaux de l'Académie des inscriptions et belles-lettres.

On lisait, par exemple, en caractères romantiques :

Adèle et Léon. — Amour pour la vie.

28 février.

Un esprit grotesque avait substitué le mot *homard* au mot *amour*.

Un peu plus bas était gravé cet avertissement :

Méfiez-vous de Célestine.

(*Un ami de la jeunesse.*)

Et dans un angle :

Madame Modeste

Cravates, gants, bretelles, cols et discrétion.

N. B. Demander l'adresse au garçon.

A côté de cette annonce qui échappait au fisc, on trouvait cette sentence en forme de calembour :

La femme est un puits dont l'homme est le sot.

Puis au-dessous, et signé d'un nom bien connu, dans la petite presse :

Je préfère le filet de Chateaubriand aux entrefilets de la Patrie.

— Que désirent ces messieurs? vint demander un garçon, dont la chemise semblait boutonnée avec des astres, et qui portait hautainement, sur une cravate diplomatique, une tête frisée comme celle du Méléagre.

Celui des convives qui s'était prononcé pour la bécasse, et que ses amis nommaient Valentin, rédigea un menu que M. Charles Monselet aurait contre-signé de ses deux fourchettes.

Au moment de se retirer, le garçon se pencha vers Valentin, et lui dit directement à l'oreille :

— Si monsieur et ses amis s'aperçoivent qu'ils ont oublié quelque chose lorsqu'ils seront au dessert, ils n'auront qu'à consulter cette carte.

. Et il disparut en laissant sur la table une petite carte élégamment reliée, ayant pour frontispice un jeune archer païen, vêtu seulement d'un carquois.

Sur la première page, on lisait :

Cabinet n° 8

Cartes des suppléments et extras de dessert.

(*Les personnes, qui désirent ne pas attendre, sont priées de commander d'avance. On ne sert pas de demi-portions.*)

Après avoir parcouru la liste de ce dessert particulier, dont les fruits n'appartenaient aucunement au règne végétal, Valentin ferma dédaigneusement la carte.

— Messieurs, dit-il aux convives, ce garçon est un drôle qui nous prend pour des célibataires ruraux en quête d'aventures.

LA GRANDE MARÉE

JOURNAL D'UN MYSTIFIÉ

8 mars 1860, six heures du soir.

Je pars pour le Havre, en compagnie de quelques amis. — Deux mille voyageurs sont dans la gare. — Deux mille figures connues qu'on retrouve à toutes les premières représentations.

Vingt minutes de retard.

Ce retard est occasionné par une discussion qui s'élève entre les employés du chemin de fer

et un pianiste en vogue. — Le virtuose, qui va sur le bord de la mer pour y composer, d'après nature, un morceau intitulé : *La Grande Marée*, veut installer son piano dans un wagon. — Refus des employés. — On va en référé auprès de l'administration. — Plaidoirie. — Jugement.
— L'artiste est autorisé à ne point se séparer de son complice, mais à la condition que l'un et l'autre voyageront dans le wagon des bagages.
— Le pianiste demande une chaufferette ; on la lui refuse, dans la crainte de l'incendie. — Il maudit la rigueur du règlement sur le motif de la *Malédiction* de *la Juive*.

Nous sommes en route.

Un commerce de procédés délicats s'établit entre les voyageurs. — Échange de bons mots, de prises de tabac et de cigares. — Un duo mystérieux s'engage entre les bottes de M..., notre jeune compagnon de voyage, et les bottines d'une jeune dame anglaise. — Le pianiste continue à se réchauffer en faisant des gammes.

Huit heures. — Mantes.

Peu de personnes ayant eu le temps de dîner avant de partir, on se promettait de descendre au buffet de Mantes pour y faire collation ; mais le train passe. — A défaut d'autre nourriture, comme nous sommes dans un wagon littéraire, la médisance amicale se met un confrère sous la dent ; c'est notre excellent camarade X... qui est tombé au sort, et la sauce à laquelle l'amitié affamée l'a accommodé l'ayant fait trouver très-bon, on en redemande. — Les bottes de notre jeune compagnon continuent à donner des leçons de français à la jeune insulaire sa voisine. — Le pianiste continue à se réchauffer en faisant des gammes, et un voyageur spirituel fait observer que nous voyageons avec accompagnement de piano.

Neuf heures. — Saint-Pierre. — Louviers.

Le débordement de la Seine, éclairé par un

merveilleux clair de lune, offre un splendide spectacle. — Le train passe. — Passons.

Neuf heures et demie. — Rouen.

Vingt minutes d'arrêt. — Saccage du buffet— par la voracité famélique des voyageurs.

On se remet en route. — Nous remarquons, au bout d'un instant, que notre jeune compagnon parle anglais comme John Bull, et que sa voisine s'exprime dans un français qui ne manque pas de saveur, — bien qu'il ne soit pas contrôlé par l'Académie.

Onze heures et demie.

Arrivée au Havre. — Prise d'assaut d'un fiacre.

Onze heures trois quarts.

Arrivée à Frascati. — Prise d'assaut d'une

chambre. — Combat à l'office pour obtenir à souper. — Victoire! — Le pianiste, suivi de son instrument, campe dans un corridor et exécute le finale du *Barbier* (*Buona sera*). — Le jeune... s'est dissipé. — On prétend qu'il est allé se perfectionner dans la langue de Shakespeare.

9 mars.

Le matin, dès huit heures, et par une neige glaciale, des milliers de curieux, dont une partie était formée par les Parisiens, encombrent la plage, la jetée et tous les points d'où l'on peut voir le spectacle maritime annoncé à grand renfort de réclames scientifiques. — Le pianiste, qui a fait transporter son instrument sur la terrasse de Frascati, se prépare à son étude d'après nature.

L'affiche annonçait une sorte de cataclysme apocalyptique : l'Océan, poussé hors de ses limites par le terrible vent du sud-ouest, qui devait donner son *ut dièse* de fureur, aurait, disait-on, englouti les ports du littoral. — Le flux devait se faire sentir jusque dans le bassin des Tuileries, et le reflux aurait mis la Manche à sec.

Il n'a rien été de tout cela. Le sud-ouest (familièrement *sur-oué*), fatigué par les nombreuses représentations qu'il a données depuis deux mois, s'est fait doubler par une petite brise de romance (figurez-vous Montaubry remplaçant Tamberlick), et l'Océan est resté plat comme le buste de mademoiselle X..., qui a, dit-on, la Beauce dans son corset.

Cependant, — lorsque les spectateurs se sont aperçus que le phénomène ne se manifestait pas à l'heure indiquée, — quelques murmures se sont fait entendre..., et la mer, qui fut jadis fouettée par Xerxès, faillit être sifflée par les Parisiens.

Pour leur faire prendre un peu patience, des préposés au cataclysme lâchent quelques mouettes qui voltigent autour du phare, — d'autres vendent aux touristes, à raison de cinq francs le kilog., des galets estampillés par M. Babinet, dont ils leur conseillent de se lester les poches pour ne pas être emportés par le fameux *sur-oué* qui doit commencer à souffler vers dix heures. — Un autre, déguisé en notaire, parcourt les groupes et propose aux voyageurs de recevoir leurs dernières dispositions, dans le cas où un coup de mer les emporterait. — Ces précautions inquiétantes allument un succès ; — on accorde un délai à la mer — mais à onze heures — rien n'a monté, si ce n'est la carte des consommations dans les hôtels.

A midi, la farce étant jouée, les habitants du Havre commencent à rire franchement au nez des touristes qu'ils rencontrent dans les rues, et c'est alors que ceux-ci employèrent toutes les ruses imaginables pour tromper la narquoise malice normande, et faire croire qu'ils étaient de la ville : les uns allaient au marché, les autres achetaient des casquettes de matelot ; ceux-ci suivaient les enterrements, tête nue, et faisaient l'éloge du défunt; ceux-là tutoyaient la statue de Casimir Delavigne, et récitaient avec enthousiasme des vers de *l'École des Vieillards*. Le plus ingénieux fut un artiste de la Comédie-Française, qui se promenait avec un panier de poissons sur la tête, et qui s'arrêtait devant toute figure d'apparence normande, en disant : — Sont-ils bêtes, ces Parisiens !

Quant à moi, j'étais tellement mortifié, que, pour dépister les railleurs, je suis allé, en pleine Bourse, acheter du suif. Les suifs s'étaient un peu *endormis* depuis que les glaces avaient fermé les ports de la Baltique, d'où vient cette denrée; mais un arrivage récent de Buenos-Ayres ayant *réveillé* les suifs, les miens me reviennent encore assez cher.

Cependant, vers le milieu de la journée, les Havrais craignant que les Parisiens désappointés ne reprissent le chemin de fer, essayèrent de les retenir en organisant une fausse panique.

Ils firent courir le bruit en ville que la marée du 10 réaliserait tout ce que celle du 9 n'avait point tenu; et pour donner une apparence de sincérité à leur fausse inquiétude, ils firent semblant d'étayer les maisons, et bouchèrent les soupiraux des caves avec de la terre glaise. Ce subterfuge réussit auprès de quelques badauds, et j'avoue que je fus du nombre. La marée du lendemain fut aussi paisible que celle du jour; mais, ce qu'on ne peut nier, c'est que le retrait de la mer découvrit un espace considérable, et mit à jour des roches qui n'avaient point été visibles depuis plus d'un siècle.

En résumé, la science n'a point failli dans ses prévisions. — La marée a atteint la plénitude prévue. — Pour avoir été un spectacle simple, elle n'offrait pas moins un grand spectacle, auquel a seulement manqué le danger. Si affamés d'émotions que puissent être les Parisiens, ils ne regretteront pas cette clémence des éléments qui a trompé leur égoïste curiosité, quand ils sauront qu'une heure de tempête pouvait détruire la moitié d'une des principales villes du pays, et causer la ruine de deux cents familles qui sont l'honneur du commerce français.

A PROPOS DES SAUVAGES

Si quelqu'un venait affirmer que la civilisation et le progrès, poussés hors des limites extrêmes, préparent les voies de décadence, il y aurait certainement beaucoup de gens qui se récrieraient; et pourtant il y a du vrai là-dedans comme dans beaucoup de paradoxes qui sont des idées bizarrement vêtues.

La civilisation, qui a pour foyer le continent européen, acquiert chaque jour de nouveaux moyens de s'étendre; et l'abréviation des distances favorisant surtout les tentatives, on peut dire maintenant qu'elle a un pied partout.

Est-ce un bien ? est-ce un mal ? Nous laisserons à d'autres le soin de discuter plus longuement le côté philosophique de la question.

Sans doute il est bon de propager le progrès et convier l'humanité entière à y prendre part ; mais il ne faut pas que le progrès fasse comme ces grands princes qui, sous le prétexte de calmer les discussions élevées entre leurs petits voisins, s'interposent dans leurs querelles, pénètrent dans leurs États, et finissent par en devenir les maîtres.

Chaque race humaine a des instincts particuliers d'où naissent des mœurs qui lui sont propres, et conséquemment établissent son individualité dans l'espèce.

Tout en faisant sa fonction, la civilisation, lorsqu'elle pénètre chez un peuple encore primitif, doit donc s'attacher à n'altérer que le moins possible sa physionomie individuelle.

Mais, au contraire, cette civilisation procède par l'absolutisme et l'arbitraire. Dans tous les lieux où elle pénètre, soit par ruse ou par violence, elle s'impose d'abord et se fait accepter ensuite, en inoculant aux sociétés de nouveaux besoins qui ne peuvent être satisfaits que par elle. Elle violente les lois consacrées, elle modifie *quand même*, en tout et dans tout; si bien qu'un pays où une pareille civilisation a passé perd complétement son caractère primitif et individuel, et par ses mœurs, ses usages et tout ce qui constitue une société, s'assimile entièrement aux autres peuples civilisés. Or, comme à l'heure qu'il est le progrès dit universel est très à l'ordre du jour, et comme en tout il faut considérer la fin, il viendra une époque où, sur toutes choses, la variété aura disparu dans l'espèce humaine.

A notre point de vue, c'est ce que nous appelons une décadence.

Alors, sans doute, s'accompliront les rêves fabuleux que font une certaine classe de progressistes. Après avoir civilisé les êtres, on civilisera les choses, on corrigera la nature, ce qu'on fait, du reste.

D'ingénieux moyens étant trouvés, on comblera les océans, la terre deviendra la capitale des autres planètes; chaque partie du globe se divisera en quartiers; les nations se subdiviseront en rues; on recherchera avant tout l'uniformité et la simplicité; on adoptera un ordre d'architecture gracieux comme celui des casernes; on ne parlera plus qu'une seule langue dans toute *la grande ville* humaine; ce seront partout les mêmes lois, — s'il y en a; — le même costume sera imposé, et tous les hommes devront être de la même couleur : — on choisira du noir ou du blanc.

Ceci nous ramène tout naturellement aux Peaux-Rouges, qui, bien que défendus par de formidables remparts naturels, n'en ont pas moins été vaincus par la civilisation.

Un homme d'esprit, qui contemplait les ravages commis par elle, disait : « Il viendra un temps où il sera impossible de voir des Turcs ailleurs qu'au Théâtre-Français, dans la cérémonie du *Bourgeois Gentilhomme*. » Nous croyons, pour notre compte, cette époque prochaine, et nous disons que, si l'on veut avoir une idée d'un peuple primitif et un croquis de barbarie, il faut aller voir les Indiens *Io-ways*, car il est probable que ce sont là les derniers sauvages.

FIN

TABLE

	Pages
DONA SIRÈNE	1
LE MAT DE COCAGNE	113
FRAGMENTS DU JOURNAL D'UN ANONYME	151
SON EXCELLENCE GUSTAVE COLLINE	163
LES DERNIERS BUVEURS D'EAU	229
LES PROPOS DE DESSERT DU SOUPER DE VALENTIN	271
LA GRANDE MARÉE	289
A PROPOS DES SAUVAGES	209

Saint-Germain. — Imprimerie D. BARDIN

www.ingramcontent.com/pod-product-compliance
Lightning Source LLC
Chambersburg PA
CBHW071602170426
43196CB00033B/1574